CILEI HUOYONG LUNXI

词类活用论析

周国光 孔维波 著

广东高等教育出版社
·广州·

汉语言文字学

【研究丛书】

图书在版编目（CIP）数据

词类活用论析/周国光，孔维波著．—广州：广东高等教育出版社，2017.8
（汉语言文字学研究丛书）
ISBN 978－7－5361－6041－5

Ⅰ.①词…　Ⅱ.①周…　②孔…　Ⅲ.①古汉语－词类－教学参考资料　Ⅳ.①H141

中国版本图书馆CIP数据核字（2017）第249011号

广东高等教育出版社出版发行
（地址：广州市天河区林和西横路）
邮政编码：510500　　电话：（020）37091783
佛山市浩文彩色印刷有限公司印刷
890毫米×1 240毫米　32开本　8.25印张　214千字
2017年8月第1版　2017年8月第1次印刷
印数：1～1 000册
定价：26.00元

前　　言

词类活用说肇自我国语法学者陈承泽的《国文法草创》（商务印书馆，1922 年版）。陈氏对马建忠《马氏文通》的字类（即词类）假借说不满，因而提出词有本用和活用的说法。字类假借说和词类活用说的主要区别是：字类假借说认为甲类词假借为乙类即成乙类；词类活用说则认为甲类词活用为乙类仍为甲类。陈承泽的《国文法草创》对词类活用（主要是实词的活用）做了具体的分析和详细的分类，为后来多数语法书所接受，一直沿用下来。1961 年，王力先生主编全国高校汉语言文学专业通用教材《古代汉语》（中华书局，1962 年版）时，把词类活用的内容也写进了教材。此后，词类活用就成为古代汉语课程基本的教学内容之一。

名词、动词、形容词三大实词的区别，在我国保存下来的最早的书面语甲骨文里已经相当明显，但是三者通用的现象也很常见。这种通用现象在上古汉语和后来的“仿古”文言（即唐代以后所谓的“古文”）里出现得更多，成为今人读古书的主要障碍之一。如何排除这个障碍，为初学者解决古代文献阅读方面的困难，这在古代汉语的教学和研究中是一个十分重要的问题。自 20 世纪 60 年代初期至今，国内外不少语言学者对词类活用现象进行了不懈的努力和探索。但是从总的情况看来，挖掘不深，突破不多，系统性不强，不能令人满意。

“词类活用”这一语言现象的研究现在还在继续，并且在不断深入。有人曾提出要取消“词类活用”的说法，但是这种语言现象确实是存在的，而且在现代汉语中也不断出现（例如“很广东”“很中国”用例的出现），问题就在于我们怎样看待它，如何对其进行分析，并做出科学、合理的解释，使有关这个问题的理论科学化、严密化。在本书中，我们不仅按照描写语言学的传统方法，对词类活用现象进行了详细的描述，而且还试图从话语理解的角度，采用一种动态的分析方法，对包含“词类活用”现象的话语的语义理解过程进行描述。对于“词类活用”现象，过去大多从语法上进行分析，而从语义上进行分析的较少。实际上，词语一旦进入句子，特别是构成较特殊的结构时，其间的语义关系和语义变化远不是“活用”二字所能概括得了的。“词类活用”这一语言现象研究的深入，应该重视语义的分析。我们力求在语言事实上更充足一些，分析的层面更深入一些，研究的整体性和系统性更强一些，以期有所前进，有所突破，能为解决词类活用难题贡献出自己一点儿微薄的力量。

在本书的写作中，我们参考了大量的相关文献，既有先辈们的宏论大著，也有时贤们的睿语妙论，获益良多，谨此一并致以衷心的感谢！

目 录

第一章　词类活用现象概说

1.1　语言的结构和功能

从内部结构来看，语言是一个符号系统，是一个由大量的语言符号——词语和语言符号规则——语法构成的系统。

词类是词语根据它们的表达功能、语法功能、语义功能形成的词语聚合。

词语的表达功能主要分为三个方面：指称功能、陈述功能和修饰功能。指称功能具体表现为指示和称说。陈述功能具体表现为描述和叙说。修饰功能具体表现为限定、调节和描述。

词语的语法功能是词语之间相互组合中显示出来的功能。具体表现为实词和实词组合的功能，实词和虚词组合的功能，词语充当句法成分的功能。

词语的语义功能是词语组合时显示出来的功能。具体表现为词语组合时彼此之间的语义选择功能，词语组合时的语义变异功能。

词语根据表达功能、语法功能、语义功能形成的词类系统是整个语法系统的基础，且具有相对稳定性。正因为如此，我们才能够在词类系统的基础上，根据词语在表达、组合中的情况归纳出相应的语法规则，包括表达规则、句法规则和语义规则等。

从外部的功能来看，语言是人类最重要的交际工具，是人们相互之间表达思想情感、传递信息的符号系统。

正是因为语言是人类最重要的交际工具，所以，无论是语言的词类系统，还是词组系统、句子系统等，都是为语言的表达、交际而服务的，也是为了语言的表达、交际而逐步发展完善的。语言的表达、交际日益增长的要求，推动了语言内部结构的发展，包括词类系统的发展、词组系统的发展、句子系统的发展、语法规则系统的发展等等。

1.2　词类活用的产生和性质

如上所说，语言的词类系统、词组系统、句子系统等，都是为语言的表达、交际而服务的，所以，当语言的词类系统、词组系统、句子系统等不能满足语言的表达、交际的需要的时候，例如，词语尚未滋生出表达所需要的语义，词类系统缺少表达所需要的词类成员（例如上古时期汉语的助词系统尚未完备），词组系统尚未产生出表达所需要的句法结构（例如上古时期尚未出现述补结构），句子系统尚未具备表达所需要的句式（例如上古时期尚未出现“把”字句）等，在这种情况下，语言系统就会根据表达的需要进行一些调整，在相应的分系统、层面上进行一些变异，以满足表达的需要。词类活用就是这些变异情况中的一种。语言系统根据表达、交际的需要进行一些变异，这种情况在每种语言、每个时代都会出现。例如，现代汉语中出现的“副词+名词”结构（例如很男人、很女人、很绅士、很淑女、很广东、很中国等），就是语言系统共时平面上的一种变异情况。

语言变异的情况既有词语层面的语义变异，也有词类层面的功能变异，还有词组系统方面和句子系统方面的结构变异。同理，词类活用现象的出现，既有词语层面的原因，也有词类系统方面的原因，还有词组系统和句子系统方面的原因。

让我们来举例说明一下。请看下例：

《左传·僖公三十二年》：秦师遂东。——秦国的军队就向东进发了。

上例中的“东”在句子中表达的意义是“向东行”。但是“向东行”的意义同“东”的表达功能不一致，同“东”的词汇语义不一致，同“东”的句法功能不一致，同句子的结构也不一致。为什么这么说呢？

让我们来细细分析一下：

其一，上例中的“东”在句子中显示的表达功能同“东”本身的表达功能不一致。“东”是一个方位词，用于指称太阳升起的方向或位置，而不是陈述功能，表达“向东行”这一行为。

其二，上例中的“东”在句子中显示的意义同“东”本身的词汇意义不一致。“东”本身的意义是“太阳升起的方向或位置”，而不是“向东行”这一行为意义。直到今天，“东”也没有引申出“向东行”的意义。

其三，上例中的“东”出现在副词“遂”的后面，与“遂”构成“遂东”这样一个状中结构。这个句法结构的构成同“遂”和“东”两个词语的句法功能都不一致：“遂”不能修饰方位名词“东”，方位名词“东”也不受副词“遂”的修饰。

其四，上例中的谓语部分由“遂东”这个状中词组充当，而述语则由方位名词“东”充当。也就是说，这个句子是由方位名词“东”充当中心语的状中词组充当谓语而构成的一个状中名词谓语句。这又是一个矛盾的情况。

因此，根据上述分析，上例中的“东”实际上是词语的误用。

再看下例：

《左传·成公元年》：虽晋人伐齐，楚必救之，是齐、楚同我也。——即使晋国人攻打齐国，楚国也一定救援它，这就是齐国、楚国共同对付我国了。

上例中的“同”在句子中表达的意义是“共同对付”。但是“共同对付”的意义同“同”的表达功能不一致，同“同”的词汇语义不一致，同“同”的句法功能不一致，同句子的结构也不一致。

其一，上例中的“同”在句子中显示的表达功能同“同”本身的表达功能不一致。“同”是一个修饰词，用于修饰二者或二者以上都具备一样的属性，或者都发出一样的动作行为，而不是陈述功能，表达“共同对付”这一“方式+行为”的陈述。

其二，上例中的“同”在句子中显示的意义同“同”本身的词汇意义不一致。“同”的词汇意义是“共同、一齐”的方式意义，而不是“共同对付”这一“方式+行为”意义。

其三，上例中的“同”出现在代词“我”的前面，与“我”构成“同我”这样一个述宾结构。这个句法结构的构成同“同”的句法功能不一致：“同”不能带上宾语，“我”也不能和“同”构成述宾词组。

因此，根据上述分析，上例中的“同”实际上也是词语的误用。

再看下例：

《史记·齐太公世家》：齐襄公与鲁君饮，醉之。——齐襄公和鲁君在一块儿喝酒，灌醉了鲁君。

上例中的“醉”是动词，本身的意义是“饮酒过多而神志不清”。“之”是人称代词，指代“鲁君”。但是二者组合起来构成的“醉之”所表达的意义却不是“醉的鲁君”，也不是“鲁君醉了”，而是“使鲁君喝醉”（也就是通常所说的“灌醉了鲁君”）。“使……喝醉”意义同“醉”的词汇语义不一致，同“醉”的句法功能不一致。

首先，上例中的“醉之”在句子中显示的意义同“醉”本身的词汇意义不一致。“醉”的词汇意义表示的是饮酒过多而产生的神志不清状态，是饮酒这一行为的结果，但是“醉”的词汇意义并没有表示出行为意义，也没有表示主观意愿的“使……（喝醉）”的使动意义。

其次，上例中的“醉”出现在代词“之”的前面，与“之”构成“醉之”这样一个述宾结构。这个句法结构的构成同“醉”的句法功能不一致，“醉”不能带上受事宾语，即使在现代汉语中也是可疑的或者是不通的说法。比如：

？张三和李四喝酒，醉他。

？张三和李四喝酒，醉李四。

因此，根据上述分析，上例中“醉”的用法实际上也是不妥的。

这里需要说明一下：我们上面对有关语言现象的分析是根据当时的汉语系统的状况进行的。比如说，在写作《左传》时期的汉语系统中，“东”还没有引申出“向东行”的词汇意义，也没有产生“介词＋方位名词＋动词”（例如“向＋东＋行”）这样的句法结构，副词和方位名词的组合并不是普遍的合法的组合，等等。

但是，从事实来说，我们上面所分析的语言实例确确实实是当时的人写出来的，后代的人也没有改动前人的话语，或者说接受了前人的说法。按照黑格尔的话说：存在的就是合理的。上例中的用法既然已经出现，就有它出现的理由和原因，并且上例在实际交际中也满足了表达的要求，表达出所需要表达的意义。这样的话，我们就需要对此进行解释说明，而不能简单地认为这是词语的误用和句法结构的错误组合而一语否定。相反，我们应该给出相应的解释，说明上面例子中“东”“同”“醉”的用法是可以理解的，是可以解释的，也是可以运用的。于是我们就有了词类活用的说法。

归纳上面我们所做的分析、讨论和举例，我们对词类活用做出如下定义：

在一定的情况下，语言系统为了满足表达、交际的需要，对自身系统（包括词类系统、词组系统、句子系统等）进行调整、变化，这时就会出现一些共时平面上的变异情况（词义的、词类的、句法的、句子的等）。我们把这些共时平面上的变异情况统称为词类活用。像上面三个例子中的“东”“同”“醉”就是这种变异情况。

根据上述分析和定义，我们对确定词类活用规定了两条标准：一是词语在具体语句中句法功能的变化，包括组合功能的变化和造句功能的变化。二是词语在具体语句中的语义变异情况。语义变异分两种情况：其一是语义扩展，即词语本来的意义扩展为包含该词语意义的语义结构。如“履”扩展为“着履”（因长跪履之）。其二是词义变类，即词语本来的意义变化为与原类意义相关的他类意义。如“馆”变异为“驻扎”、“居住”（馆于虞）。对于语义变异这种情况，我们持谨慎态度，同时参照使用频率来确定。

这里还要说明一下：根据典型范畴理论进行分析，我们发现，如果把词类活用现象作为一个语法范畴看待的话，那么词类活用应该是一个典型范畴（或说原型范畴）。所谓典型范畴，指的是这样一些范畴：在一个范畴中，范畴内的成员的资格（隶属度、合格度）是有区别的。有的成员的资格是最完备的，这些成员居于范畴的核心地位；有的成员的资格要稍差一些，但是满足了范畴的大部分条件的要求，这些成员居于范畴的一般地位；有的成员的资格还要差一些，它们只能满足范畴的最低要求，这些成员居于范畴的边缘地位。例如人们熟知的“鸟”就是一个典型范畴。在这个范畴中，“老鹰”“鸵鸟”“企鹅”分别处在核心地位、一般地位、边缘地位。

根据典型范畴理论来观察词类活用现象，我们发现，词类活用形成的变异情况是有区别的。有的词类活用形成的变异情况比较全面，词义、词类、句法、句子等多个层面都有变异情况出现，这是最典型的词类活用，例如“东”的活用就是最典型的词类活用。有的词类活用形成的变异情况只出现在大部分层面上，例如“同”的活用就是这类词类活用。有的词类活用形成的变异情况只出现在局部层面上，例如“醉”活用前是动词，活用后还是动词，在词类性质上并没有发生大类的变异，不过从不及物动词活用为及物动词，属于动词内部次类的变异。历来的研究者之所以把动词的使动用法、意动用法、为动用法也作为词类活用现象看待，恐怕主要是因为这些用法都属于动词内部次类的变异吧。

我们把词类活用看作典型范畴，主要是想说明名词、形容词、动词的变异情况是不同的，而各个词类之中的变异情况也是不同的。例如名词内部的变异情况就不一样。如果比较一下名词用如不及物动词、名词用如及物动词、名词的及物使动用法、名词的及物意动用法、名词的及物为动用法的各种情况，就能够看到名词内部变异情况的区别了。

1.3 词类活用的类型

我们根据活用词语是否带宾语这一标准，先把词类活用分为及物和不及物两大类。活用词语后带宾语的（包括省略宾语、宾语前置等情况），为词类活用的及物用法；其他的情况为词类活用的不及物用法。词类活用的不及物用法根据活用词语后因语义变异而形成的语义结构，可以再分为若干具体的类型；词类活用的及物用法根据主语、活用词语、宾语三者之间的关系，可以分为使动用法、意动用法、为动用法和及物一般用法。及物一般用法的情况较为庞杂，我们把不能归入使动、意动、为动三种用法的情况都归入一般用法。这样处理的目的主要是想少立一些新的类型和名目。这种做法当然是权宜之计，更好的分类有待于进一步研究。

根据主语同宾语、活用词语同宾语之间的语义关系及形成的语义结构，使动、意动、为动、及物这几种用法还可以各自分为若干类型。本书所确定的词类活用类型如下：

（1）名词（包括名词性代词）的活用：

名词用如不及物动词；

名词用如及物动词，一般用法；

名词用如及物动词，使动用法；

名词用如及物动词，意动用法；

名词用如及物动词，为动用法；

名词用作状语。

（2）形容词的活用：

形容词用如及物动词，一般用法；

形容词用如及物动词，使动用法；

形容词用如及物动词，意动用法；

形容词用如及物动词，为动用法；

形容词用如名词。

（3）动词的活用：

动词使动用法；

动词意动用法；

动词为动用法；

动词用如名词。

关于本书对词类活用用例的解释，这里稍做说明。众所周知，语言形式同语义内容之间存在着“多对一”的对应关系（即多种语言形式可以表达同一种语义内容），在保证准确表达原例语义的前提下，我们有时做出比较灵活的注释和说明。例如《墨子·亲士》：“臣下重其爵位而不言。”其中的“重”是形容词用如及物动词，意动用法。“重其爵位”可以解释为“认为自己的爵位重要”，也可以解释为“重视自己的爵位”“看重自己的爵位”。这三种解释在语义结构上是一致的。因为“意动用法”就是用词语构成评价、看待的述宾结构。“认为……重要”中的“认为”表示评价、看待，“重要”则表示评价的结果和看待的态度。“重视”“看重”这两个复合词中的“视”“看”也是表示评价、看待，“重”则表示评价的结果和看待的态度。《现代汉语词典》对“重视”一词的解释是：“认为人的德才优良或事物的作用重要而认真对待；看重。”由此可见，“认为……重要”“重视”“看重”在语义结构上是一致的。其他情况可以类推。我们觉得，对实词活用的具体实例做灵活的注释和说明，这种做法在实际教学、学习中可能更有利一些。

第二章　名词活用状况的分类描述

本章对名词活用的状况进行描述分析。按照前面的说明，我们的描述顺序是：

名词用如不及物动词；

名词用如及物动词，一般用法；

名词用如及物动词，使动用法；

名词用如及物动词，意动用法；

名词用如及物动词，为动用法；

名词用作状语。

在对名词活用状况的描述中，我们还尝试着做了一件工作，那就是对活用的名词按照词汇语义，并参照在句子中表现出的句法意义进行分类，这样可以对名词活用的状况观察得更细致一些，也许对名词活用的语义分析是一件必要的铺垫工作。

活用的名词按照词汇语义，并参照在句子中表现出的句法意义，可以粗略地分为如下六小类：

（1）身份名词。表示人及其身份的名词。例如：君、臣、父、母、子、将、相、侯。

（2）建造物名词。表示人们建造、建立的事物。例如：城、国、邑、邦、家、沟、功、业。

（3）方位地理名词。表示方向、位置、处所的名词。例如：东、西、上、下、疆、界、域。

（4）凭借物名词。表示人们生活、行为所凭借的工具、器物、材料和人的肢体。例如：谷、衣、薪、器、席、笔、刃、梯、手、足、肘、目。国家行为所凭借的事物也包括在内。例如：法、礼、刑、军、威。

（5）自然物名词。表示时间、空间、自然现象、动植物的名词。例如：天、地、水、火、风、雷、雨、月、日、年、蚕、桑、华（花）、根、实、木。

（6）施与物与谋求物名词。施与物与谋求物都是转移行为中的转移物，所以把二者归为一个小类。例如：爵、禄、德、惠、福、货、祸、税、利。

以下的描述将按照上述分类进行。

2.1　名词用如不及物动词

2.1.1　身份名词用如不及物动词

霸　《左传·僖公十五年》：此一役也，秦可以霸。——霸：称霸；成为霸主。

伯　《战国策·齐策五》：祖仁者王，立义者伯。——王：称王。伯：称霸。

宾　《左传·襄公九年》：祈以币更，宾以特牲。——祈祷用财礼代替牺牲，招待宾客只用一种牲畜。

臣　《左传·定公十三年》：富而能臣，必免于难。——富有而能谨守臣道，定能免于祸难。

帝　《战国策·楚策一》：故从合则楚王，横成则秦帝。——从：同“纵”，指合纵之策。王：称王。横：指连横之策。帝：称帝。

侯　《战国策·赵策四》：赵王之子孙侯者，其继有在者乎？——侯：为侯。其继：他们的继承人。

将 《战国策·燕策三》：齐、韩、魏共攻燕，燕使太子请救于楚，楚王使景阳将而救之。——使景阳将而救之：派景阳做大将去救援燕国。

君 《论语·颜渊》：齐景公问政于孔子。孔子对曰："君君，臣臣，父父，子子。"公曰："善哉！信如君不君，臣不臣，父不父，子不子，虽有粟，吾得而食诸？"——齐景公向孔子问政治。孔子答道："君要像个君，臣要像个臣，父亲要像父亲，儿子要像儿子。"齐景公道："对呀！若是君不像君，臣不像臣，父不像父，子不像子，即使粮食很多，我能吃得着吗？"

人 《庄子·列御寇》：知道易，勿言难。知而不言，所以之天也；知而言之，所以之人也。古之人，天而不人。——懂得道容易，不去议论道困难。已经懂得却不加议论，这是通往自然的境界；心里懂得而嘴上大加议论，这是通往人为的道路。古代懂得道的人，效法自然而不效法人。人：此处意为"效法人"。

圣 《庄子·天道》：静而圣，动而王，无为也而尊，朴素而天下莫能与之争美。——静处而成为圣人，行动而能成为帝王，无为而尊，朴素而天下没有人能跟他争美。

师 《左传·成公七年》：楚子重伐郑，师于汜。——楚国的子重攻打郑国，军队驻扎在汜地。汜：郑国地名。

室 《韩非子·外储说右下》：乃令男子年二十而室，女年十五而嫁。——于是下令男子二十岁就要娶妻室，女子十五岁就要出嫁。

天 《左传·宣公十二年》：郑伯肉袒牵羊以逆，曰："孤不天，不能事君。"——不天：不能顺从天意。

王 《左传·成公二年》：四王之王也，树德而济同欲焉。——四王成就王业，树立德行而满足（诸侯的）共同要求。四王：指禹、汤、周文、周武。

相 《左传·庄公九年》：管夷吾治于高傒，使相可也。——相：做相。

友　《论语·学而》：无友不如己者。——不要跟不如自己的人交朋友。

质　《战国策·赵策四》：于是为长安君约车百乘，质于齐，齐兵乃出。——约车：整束车辆。质于齐：到齐国做人质。

主　《庄子·天道》：下有为也，上亦有为也，是上与下同道，上与下同道则不主。——同道：同德。不主：不成为君主。

2.1.2　建造物名词用如不及物动词

邦　《墨子·非攻下》：越王繄亏，出于有遽，始邦于越；唐叔与吕尚邦齐、晋。——繄亏：越国始封的君主名，即无余。邦于越：建国于越。唐叔：周朝晋国始祖。吕尚：姜太公，齐国始封的君主。邦齐、晋：在齐国、晋国建立国家。

巢　《庄子·逍遥游》：鹪鹩巢于深林，不过一枝；偃鼠饮河，不过满腹。——鹪鹩：小鸟，一名巧妇，善于营巢。巢于深林：在深林中筑巢。偃鼠：也作"鼹鼠"，常穿耕地而行，喜饮河水。

城　《左传·僖公十九年》：梁伯好土功，亟城而弗处。——梁伯喜好土木工程，屡次筑城而无人居住。

沟　《左传·定公元年》：季孙使役如阚公氏，将沟焉。——季孙派人到鲁国诸公的墓地，想在那里挖沟（断绝鲁昭与诸位先君的墓地）。

馆　《孟子·尽心下》：孟子之滕，馆于上宫。——之：到，去。馆：下榻。上宫：上等馆舍。

国　《左传·哀公十六年》：微二子者，楚不国矣。——没有他们二人，楚国就不成为国家了。微：没有。二子：指子西（楚平王的妾所生之长子）、子期（楚昭王之兄）。

国　《史记·周本纪》：公刘卒，子庆节立，国于豳。——

公刘：周部族的首领。国于豳：建国于豳。豳，地名，在今陕西省彬县、旬邑县一带。

家 《史记·郦生陆贾列传》：平原君为人辩有口，刻廉刚直，家于长安。——平原君：汉初人朱建。辩有口：善辩有口才。家于长安：在长安安了家。

庐 《三国志·魏书·管宁传》：（管宁）既往见（公孙）度，乃庐于山谷。——庐于山谷：在山谷中结庐。

墟 《史记·越王勾践世家》：子胥言曰："王不听谏，后三年吴其墟乎？"——其：大概。墟：成为废墟。

穴 《墨子·节用下》：古之民未知为宫室时，就陵阜而居，穴而处。——陵阜：山陵。穴：挖洞穴。

邑 《孟子·梁惠王下》：昔者大王居邠，狄人侵之，……去邠，逾梁山，邑于岐山之下居焉。——古时候大王居于邠地，狄人来侵犯他，……于是离开邠地，越过梁山，在岐山之下建立了一个城邑而定居下来。邠：同"豳"，地名，在今陕西省彬县、旬邑县一带。

2.1.3 方位地理名词用如不及物动词

北 《墨子·贵义》：南之人不得北，北之人不得南。——淄水南边的人不能（渡淄水）北去，淄水北边的人不能（渡淄水）南去。

东 《左传·僖公三十二年》：秦师遂东。——秦国的军队就向东进发了。

后 《论语·先进》：三子者出，曾皙后。——子路、冉有、公西华三人都出来了，曾皙后走。曾皙：名点，曾参的父亲，是孔子的学生。

南 《左传·襄公十年》：诸侯之师还郑而南，至于阳陵。——还郑而南：围绕郑国移动然后向南。

前　《左传·昭公元年》：郑子皮曰："二执戈者前矣。"——郑国的子皮说："两个拿着戈的人站在前面了。"

位　《史记·乐书》：天尊地卑，君臣定矣。高卑已陈，贵贱位矣。——陈：陈列，排列。贵贱位矣：尊贵和卑贱的位置也就确定了。

西　《战国策·燕策三》：魏军其西，齐军其东，楚军欲还，不可得也。——西：驻在西边。东：驻在东边。

下　《墨子·公孟》：鸟闻热旱之忧则高，鱼闻热旱之忧则下。——高：往高处飞。下：向下潜。

先　《韩非子·喻老》：今君后则欲逮臣，先则恐逮于臣。——君：称代赵襄主。后：此处意为"落在后面"。先：跑在前面。逮于臣：被我赶上。臣，王於期自称。

左　《墨子·明鬼》：有神入门而左。——有一位神仙进了门站在左边。

鄙　《左传·庄公二十八年》：夏，使太子居曲沃，重耳居蒲城，夷吾居屈。群公子皆鄙，唯二姬之子在绛。——曲沃、蒲城、绛：皆晋国地名。皆鄙：都封在边邑。

郊　《孟子·告子上》：牛山之木尝美矣，以其郊于大国也，斧斤伐之，可以为美乎？——牛山上的树木曾经是很茂盛的，因为它生长在大都市的郊外，若人们经常用斧子去砍伐它，还能够茂盛吗？牛山：在今山东临淄县境内。大国：指临淄，临淄不但是齐国都城，也是当时的大都市之一。

界　《史记·匈奴列传》：十余年而蒙恬死，……于是匈奴得宽，复稍度河南与中国界于故塞。——蒙恬：秦大将。与中国界于故塞：在故塞与中国分界。

门　《左传·文公十五年》：一人门于句鼆（méng），一人门于戾丘，皆死。——一个人在句鼆守门，一个人在戾丘守门，都战死了。句鼆、戾丘：地名。

门 《左传·襄公二十五年》：十二月，吴子诸樊伐楚，以报舟师之役。门于巢。巢牛臣曰："吴王勇而轻，若启之，将亲门。我获射之，必殪。是君也死，疆其少安！"——十二月，吴王诸樊攻打楚国，以报复舟师之役。进攻巢地的城门。巢牛臣说："吴王勇敢而轻率，如果我们打开城门，他将会亲自带头进门。我乘机射他，一定送他的命。这个国君死了，边境上可以稍为安定一些。"诸樊：吴王名。舟师之役：襄公二十四年楚王出动水军伐吴。舟师，水军。巢：地名。牛臣：人名。殪：死。

2.1.4 凭借物名词用如不及物动词

笔 《史记·孔子世家》：至于为《春秋》，笔则笔，削则削，子夏之徒不能赞一辞。——笔：用笔记载。削：删除。

材 《左传·哀公十一年》：（伍子胥）将死，曰："树吾墓槚，槚可材也，吴其亡乎！"——（伍子胥）临死，说："在我的坟墓上种植槚树，槚树可以成材，（到那时）吴国大概就要灭亡了吧！"

法 《荀子·荣辱》：政令法，举措时，听断公，上则能顺天子之命，下则能保百姓，是诸侯之所以取国家也。——政令合法，措施及时，处理政事公正，在上能顺从天子的命令，在下能保护百姓的安全，这便是诸侯之所以能取得国家的道理。

谷 《左传·成公十六年》：晋入楚军，三日谷。——三日谷：吃楚军的军粮三天。

甲 《左传·昭公七年》：铸刑书之岁二月，或梦伯有甲而行。——或：有人。伯有：人名。甲而行：披甲而行。

阶 《论语·子张》：夫子之不可及也，犹天之不可阶而升也。——他老人家不可以赶得上，犹如青天不可以用阶梯爬上去。

军 《左传·桓公五年》：祝聃射王中肩，王亦能军。——

祝聃射中周天子的肩膀，但他还可以指挥军队。

辇　《左传·昭公十年》：（子鱼）将死，疾于公宫，辇而归，君亲推之。——子鱼临死以前，在公宫得病，乘辇回家，国君亲自推车。

器　《论语·为政》：子曰："君子不器。"——孔子说："君子不像器具那样（只有一定的用途）。"

轼　《左传·庄公十年》：齐师败绩。公将驰之。刿曰："未可。"下视其辙；登轼而望之，曰："可矣。"遂逐齐师。——轼而望之：扶轼瞭望齐师的状况。

式　《韩非子·内储说上》：越王虑伐吴，欲人之轻死也，出见怒蛙，乃为之式。——越王勾践考虑伐吴的事，希望人们不怕死，出门看见怒蛙，便向它扶轼表示敬意。怒蛙：肚子膨胀起来的蛙，似发怒，称怒蛙。乃为之式：越王向它扶轼致敬。

手　《论语·乡党》：君召使摈，色勃如也，足躩如也。揖所与立，左右手，衣前后，襜如也。——鲁君召他去接待外国的贵宾，面色矜持庄重，脚步也快起来。向两旁的人作揖，或者向左拱手，或者向右拱手，衣裳一俯一仰，却很整齐。摈：同"傧"，出迎，接引宾客。

梯　《资治通鉴·唐宪宗元和十二年》：（吴）元济于城上请罪，（李）进城梯而下之。——梯而下之：架设梯子让他下来。

席　《左传·宣公十二年》：潘党既逐魏锜，赵旃夜至于楚军，席于军门之外，使其徒入之。——席于军门之外：在军门之外铺开席子坐在上面。潘党、魏锜、赵旃：皆人名。使其徒入：派遣他的部下先进去。

薪　《论衡·书虚》：当夏五月，有披裘而薪者。——薪者：砍柴的人。

衣　《孟子·滕文公上》：许子必织布然后衣乎？——许

子：许行。衣：穿衣。

阵 《史记·楚世家》：吴兵之来，楚使子常以兵迎之，夹汉水阵。——夹汉水阵：在汉水两岸摆开阵势。

2.1.5 自然物名词用如不及物动词

冰 《墨子·非攻下》：夏冰，地坼及泉，五谷变化，民乃大振。——夏冰：夏天结冰。地坼及泉：大地开裂，裂口之深，下及泉水。五谷变化：指不按时成熟。民乃大振：百姓于是大为震惊。振，同“震”，震惊。

蚕 《孟子·滕文公下》：诸侯耕助以供粢盛；夫人蚕缫以为衣服。——粢盛：古时盛在祭器内以供祭祀的谷物。蚕缫以为衣服：养蚕缫丝以便做（祭祀穿的）衣服。

风 《论语·先进》：莫春者，春服既成，冠者五六人，童子六七人，浴乎沂，风乎舞雩，咏而归。——莫：同“暮”。春服：春天的衣服。冠者：指成年人。古代男子二十岁行成人礼，结发戴冠。童子：尚未成年的孩子，十九岁以下的小青年。沂：水名。风乎舞雩：在舞雩台上吹吹风。咏：唱歌。

根 《孟子·尽心上》：仁义礼智根于心，其生色也睟然。——仁义礼智扎根在心中，表现出来的神色是平和温润的样子。睟然：平和润泽的样子。

华 《左传·文公五年》：且华而不实，怨之所聚也。——而且（言过其行），如花开而不结实，这是怨恨集于（己身）的原因。

花 《史记·秦本纪》：（秦献公）十六年，桃冬花。——桃冬花：桃树冬天开花。

火 《左传·昭公六年》：火见，郑其火乎？——大火（星名）出现，郑国大概要发生火灾了吧？

雷 《汉书·惠帝纪》：五年冬十月，雷，桃李花，枣实。——雷：打雷。桃李花：桃树、李树开花。实：结果实。

年　《左传·襄公三十年》：绛县人或年长矣，无子而往，与于食。有与疑年，使之年。——或：某个人，有个人。有与疑年：有的同去的人怀疑他的年龄。与，同伴。使之年：让他说出年龄。

年　《左传·昭公元年》：神怒民叛，何以能久？赵孟不复年矣。神怒，不歆其祀；民叛，不即其事。祀事不从，又何以年？——神灵发怒，百姓背叛，怎么能长久？赵孟再也过不去今年了。神灵发怒，不享用他的祭祀；百姓叛变，不干事情。祭祀和事情不能办理，又怎么能过得去今年？

日　《公羊传·隐公元年》：何以不日？——为什么不记下日期？

桑　《吕氏春秋·上农》：后妃率九嫔蚕于郊，桑于公田。——后妃率领九嫔到郊野养蚕，在公田里种桑。

尸　《左传·襄公十年》：子西闻盗，不儆而出，尸而追盗。——子西听说有叛乱，不设警戒就出来了，收了他父亲的尸骨后就去追赶叛乱分子。儆：警戒。

实　《论语·子罕》：苗而不秀者有矣夫！秀而不实者有矣夫！——长苗不吐穗开花的庄稼是有的，吐穗开花而不结果实的庄稼是有的！

水　《左传·襄公二十四年》：（诸侯）会于夷仪，将以伐齐，水，不克。——（诸侯）在夷仪会见，打算攻打齐国，由于发生水灾，没有实现。夷仪：地名。

水　《荀子·劝学》：假舟楫者，非能水也，而绝江河。——凭借船与桨的人，虽然不会泅水，却能渡过江河。楫：桨。绝：横渡。

水　《荀子·富国》：高者不旱，下者不水，寒暑和节，而五谷以时孰，是天之事也。——下者不水：地势低的土地不发生水灾。和节：和顺适宜。以时孰：按时成熟。天：指自然。孰，同“熟”。

物 《庄子·天地》：故深之又深而能物焉，神之又神而能精焉。——即便深而又深，也能看到真实的物象；哪怕神而又神，也能体察到真正的精气。

雨 《战国策·燕策二》：今日不雨，明日不雨，即有死蚌。——雨：下雨。

2.1.6 施与物与谋求物名词用如不及物动词

德 《左传·襄公四年》：诸侯新服，陈新来和，将观于我，我德则睦；否，则携贰。——我德则睦：我有德（陈国）则与我亲睦。携贰：怀有背叛之心；背离。

德 《战国策·齐策二》：大王苟能闭关绝齐，臣请使秦王献商於之地，方六百里。若此，齐必弱，齐弱则必为王役矣。则是北弱齐，西德于秦，而私商於之地以为利也。——绝齐：同齐国绝交。商於：秦地，今陕西商州区至河南西峡县一带。北弱齐，西德于秦：北面削弱了齐国，西面又施德于秦。私商於之地：独自占有商於之地。

福 《战国策·齐策五》：小国道此，则不祠而福矣，不贷而足矣。——道此：实行这种方法。不祠而福：不祭祀也能得到福佑。

功 《庄子·天道》：天不产而万物化，地不长而万物育，帝王无为而天下功。——天不出产而万物自然变化，地不生长而万物自然生长，帝王无为而天下的事业自然成功。

名 《三国志·魏书·武帝纪》：天子命公赞拜不名，入朝不趋，剑履上殿，如萧何故事。——公：此指曹操。不名：不禀报自己的名字。

税 《孟子·公孙丑上》：耕者，助而不税，则天下之农皆悦，而愿耕于其野矣。——耕田的人，（实行井田制）只助耕公田，不再交税，那么，天下的农夫都会高兴，愿意在那里的田野上种庄稼了。

2.2　名词用如及物动词，一般用法

2.2.1　身份名词用如及物动词，一般用法

霸　《论语·宪问》：子曰："管仲相桓公，霸诸侯，一匡天下，民到于今受其赐。"——霸诸侯：称霸诸侯。

表　《左传·襄公十四年》：昔伯舅大公，右我先王，股肱周室，师保万民，世胙大师，以表东海。——昔日伯舅太公辅助我先王，做我周王室的股肱之臣，教育保护百姓，世代酬谢大师的功劳，让他做东海地区的表率。

党　马中锡《中山狼传》：且鄙人虽愚，独不知夫狼乎？性贪而狠，党豺为虐。——党豺：与豺结党。

尔汝　《魏书·陈奇传》：游雅常众辱（陈）奇，或尔汝之，或指为小人。——游雅：人名。众辱：当众侮辱。尔汝之：用"尔、汝"称呼。

孤　《战国策·齐策一》：（秦）举齐，属之海，南面而孤楚、韩、梁，北向而孤燕、赵。——秦国如果占领了齐国的土地，疆土连接到大海，那么向南可以向楚、韩、梁称孤，向北可以向燕、赵称孤。

官　《尚书·皋陶谟》：知人则哲，能官人。——哲：聪明。官人：任用人。

侯　《史记·张耳陈余列传》：张耳与余功等也，今张耳王，余独侯，此项羽不平。——余：陈余自称。等：等同。王：（被）封王。侯：（被）封侯。

君 《左传·襄公二十五年》：君民者，岂以陵民？——做百姓君主的人，难道是以他的地位来高踞于百姓之上吗？

客 《墨子·耕柱》：子墨子游耕柱子于楚。二三子过之，食之三升，客之不厚。——子墨子让耕柱子到楚国出游求官。几个弟子去访问耕柱子，耕柱子每顿饭供食三升，招待他们不优厚。过：访问。

母 《史记·淮南衡山列传》：及厉王母已生厉王，恚，即自杀。吏奉厉王诣上，上悔，令吕后母之。——厉王：汉高祖刘邦的少子。恚：怨恨。令吕氏母之：让吕后做他的母亲。

人 《谷梁传·僖公四年》：齐人者，齐侯也，其人之，何也？——人之：称他为人。意为何以称之为人（民众），而不称他为侯。

汝 《隋书·杨伯丑传》：见公卿，不为礼，无贵贱，皆汝之。——（杨伯丑）见到公卿不以礼相待，不分贵贱，都（毫不客气地）用“你”来称呼他们。

王 《韩非子·五蠹》：有圣人作，构木为巢以避群害，而民说之，使王天下，号之曰有巢氏。——说：同“悦”。使王天下：让（他）做了天下的王。

相 《庄子·秋水》：惠子相梁，庄子往见之。——相梁：在梁国为相。

友 《论语·季氏》：益者三友，损者三友。友直，友谅，友多闻，益矣。友便辟，友善柔，友便佞，损矣。——有益的交友有三种，有害的交友也有三种。同正直的人交朋友，同信实的人交朋友，同见闻广博的人交朋友，是有益的。同谄媚奉承的人交朋友，同当面恭维背后毁谤的人交朋友，同夸夸其谈的人交朋友，是有害的。

长 《左传·襄公九年》：体仁足以长人。——体现了仁就足以做别人的首领。

正　《墨子·亲士》：昔者文公出走而正天下，桓公去国而霸诸侯。——正天下：做天下的长官。

质　《史记·齐太公世家》：晋伐齐，齐以公子强质晋，晋兵去。——质晋：到晋国做人质。去：退去。

2.2.2　建造物名词用如及物动词，一般用法

邦　《墨子·非攻下》：越王繄亏，出于有遽，始邦于越；唐叔与吕尚邦齐、晋。——繄亏：越国始封的君主名，即无余。邦于越：建国于越。唐叔：周朝晋国始祖。吕尚：姜太公，齐国始封的君主。邦齐、晋：在齐地、晋地建立国家。

壁　《史记·留侯世家》：其秋，汉王追楚至阳夏南，战不利而壁固陵。——壁固陵：驻营于固陵坚守。固陵，地名，在今河南太康县西。

壁　《史记·张耳陈余列传》：汉八年，上从东垣还，过赵，贯高等乃壁人柏人。——上：指汉高祖。壁人：将人藏在墙壁中。柏人：县名。

巢　《三国志·魏书·高堂隆传》：陵霄阙始构，有鹊巢其上，帝以问（高堂）隆，对曰："《诗》云：'维鹊有巢，维鸠居之。'今兴宫室，起陵霄阙，而鹊巢之，此宫室未成身不得居之象也。"——巢其上：在陵霄阙上面筑巢。

城　《左传·庄公三十二年》：三十二年春，（齐）城小谷，为管仲也。——三十二年春，（齐国）在小谷筑城，这是为管仲而筑的。

都　《史记·秦始皇本纪》：吾闻周文王都丰，武王都镐。——都丰：在丰地建都。都镐：在镐地建都。

沟　《左传·僖公十九年》：梁伯好土功，亟城而弗处。民罢而弗堪，则曰："某寇将至。"乃沟公宫。——梁伯：指梁惠王。土功：犹言土木工程。亟：屡次，多次。城：筑城。处：居

住。罢：通“疲”，疲劳。堪：忍受，承受。沟公宫：在梁伯宫外挖沟堑。

馆 《周礼·秋官·司仪》：君馆客，客辟。——君馆客：君王到宾馆探省客人。

家 《史记·高祖本纪》：单父人吕公善沛令，避仇从之客，因家沛焉。——单父：古地名。善沛令：与沛县县令友好。因家沛焉：于是在沛县安了家。

庐 韩愈《原道》：人其人，火其书，庐其居。——使他们（僧尼）变成普通人，用火焚烧他们的书（佛经），把佛家居住的地方变成普通人居住的地方。

桥 《史记·司马相如列传》：（司马长卿）通零关道，桥孙水，以通邛都。——桥孙水：在孙水上架桥。

穴 李清照《金石录后序》：在会稽，卜居土民钟氏舍，忽一夕穴壁负五簏去。余悲恸不已，重立赏收赎。——穴壁：在墙上打洞，即挖穿墙壁（偷窃）。簏：竹子、柳条或藤条编成的圆形盛器。

2.2.3 方位地理名词用如及物动词，一般用法

道 《荀子·王霸》：国者，天下之大器也，重任也，不可不善为择所而后错之，错险则危；不可不善为择道然后道之，涂秽则塞，危塞则亡。——大器：最重要的器物。重任：重担。择所：选择处所。这里指选择治国的人。错险：安置在危险的地方。这里比喻把国家重任委托给危险的人。错，同“措”，安置。险，险处。道之：走选择好的道路。涂：同“途”，道路。秽：杂草丛生。塞：行不通。

后 《左传·成公八年》：君后诸侯，是寡君不得事君也。——君王后于诸侯出兵，这样寡君就不能侍奉君王了。

后 《左传·襄公七年》：诸侯之会，寡君未尝后卫

君。——诸侯会盟的时候，寡君从来没有走在卫君后面。

疆　《左传·襄公十九年》：遂次于泗上，疆我田。——（诸侯的军队）就驻扎在泗水边上，划定我国的疆界。次：临时驻扎。

界　《史记·商君列传》：魏居领厄之西，都安邑，与秦界河而独擅山东之利。——领：通“岭”，山岭。厄：险要之地。安邑：地名。与秦界河：与秦国以黄河为界。擅：占有。山东：战国秦汉时称崤山或华山以东为山东。

门　《左传·襄公九年》：晋人不得志于郑，以诸侯复伐之。十二月癸亥，门其三门。——晋国人在郑国不能满足愿望，带领诸侯再次进攻郑国。十二月初五，攻击郑国的三面城门。

上　《左传·僖公二十三年》：晋公子有三焉，天其或者将建诸，君其礼焉。……有三士足以上人而从之，三也。——晋公子具有三条，上天或者将要立他（为国君）吧，您还是以礼相待。……有三个人足以居于别人之上，却跟随着他，这是三。三士：指狐偃、赵衰和贾佗。

位　《汉书·辛庆忌传》：（辛庆忌）历位朝廷，莫不信乡。——历位朝廷：历次在朝廷中担任官职。信乡：信任敬仰。乡，通“向”。

下　《左传·僖公二十三年》：（叔隗和赵盾）来，（赵姬）以盾为才，固请于公，以为嫡子；而使其三子下之。——使其三子下之：使她的三个儿子居于赵盾之下。

先　《论语·子路》：卫君待子而为政，子将奚先？——奚先：先做什么。

腰　孙樵《书何易于》：刺史崔朴，尝乘春自上游多从宾客歌酒，泛舟东下，直出益昌旁。至则索民挽舟，易于即腰笏引舟上下。——乘春：趁着春天的好时光。多从宾客歌酒：携带许多宾客随行，一路歌唱饮酒。腰笏：把笏插在腰间。笏，一名手板，上面可以记事。官员都执笏。引舟上下：（在江边纤道上）拉着船跑上跑下。引，牵，拉。

2.2.4 凭借物名词用如及物动词，一般用法

畚 《宋史·苏轼传》：僋人运甓，畚土以助之。——甓：砖。畚土：用畚装运土。

笔 韩愈《原道》：不惟举之于其口，而又笔之于其书。——笔：用笔写。

鞭 《左传·僖公二十三年》：公子怒，欲鞭之。——公子：晋公子重耳。鞭之：用鞭子抽打他。

兵 《史记·伯夷列传》：伯夷、叔齐叩马而谏曰："父死不葬，爰及干戈，可谓孝乎？以臣弑君，可谓仁乎？"左右欲兵之。太公曰："此义人也。"扶而去之。——兵之：用兵器击杀。

表 《吕氏春秋·察今》：荆人欲袭宋，使人先表澭水。——荆人：楚国人。表澭水：在澭水里树立标记。

带 《墨子·尚贤中》：傅说被褐带索，庸筑乎傅岩。武丁得之，举以为三公。——被褐：穿着粗布衣。带索：束着绳索。庸：同"佣"。筑：用土筑墙。傅岩：地名，在今山西平陆县东，传说因傅说在此版筑而得名。武丁：殷高宗。三公：天子之相。

丹 《国语·鲁语上》：庄公丹桓宫之楹。——庄公用红色涂刷桓公庙的柱子。桓宫：鲁桓公的庙堂。楹：柱。

椟 《史记·周本纪》：昔自夏后氏之衰也，有二神龙止于夏帝庭，……夏帝卜杀之与去之与止之，莫吉；卜请其漦而藏之，乃吉。于是布币而策告之，龙亡而漦在，椟而去之。——卜：卜卦。止之：让龙留下来。布币：陈列币帛，古时祭祀时的一种仪式。策：简策。椟而去之：用椟盛起龙漦，让龙离开了。"椟"后面省略了宾语"之"，指龙漦。龙漦，龙涎。

饵　《战国策·秦策三》：伍子胥橐载而出昭关，夜行昼伏，至于蓤水，无以饵其口。——橐：口袋，名词用作状语，用口袋（装载）。饵其口：用粗糕饼填嘴。

法　《史记·商君列传》：于是太子犯法。卫鞅曰："法之不行，自上犯之。"将法太子。——将法太子：将要依法惩治太子。

防　《左传·昭公三十年》：遂伐徐，防山以水之。——（吴王）于是就攻打徐国，在山上筑堤（蓄水）再放水淹徐国。

竿　胡铨《戊午上高宗封事》：区区之心，愿斩三人头，竿之藁街。——竿之藁街：用高竿把三人的头悬挂在藁街上。藁街，汉朝长安的一条街，是边疆各族人和外国人的居住区。这是比喻说法，意思是通告国内外通敌辱国之臣已受刑戮。三人：指秦桧、王伦、孙近。

棺　《左传·僖公二十八年》：曹人凶惧，为其所得者，棺而出之。——凶惧：非常恐惧。其所得者：指曹国人所得到的晋军将士的尸体。棺而出之：用棺材盛殓起来并且抬出城池。

醢　《韩非子·难言》：翼侯炙，鬼侯腊，比干剖心，梅伯醢。——鬼侯腊：鬼侯被做成干肉。梅伯醢：梅伯被做成肉酱。

军　《左传·襄公二十六年》：楚师轻窕，易震荡也。若多鼓钧声，以夜军之，楚师必遁。——楚军轻佻，容易被震动。如果同时敲击许多鼓发出大声，在夜里全军进攻，楚军必然逃走。窕：同"佻"。

礼　《庄子·刻意》：语大功，立大名，礼君臣，正上下，为治而已矣。——夸大功，立大名，用礼法约束君臣之间的关系，使上下关系得到匡正，为的是治国兴邦罢了。

梦　韩愈《柳州罗池庙碑》：（柳侯）尝与其部将魏忠、谢宁、欧阳翼饮酒驿亭，谓曰："吾弃于时，而寄于此，与若等好也。明年吾将死，死而为神，后三年，为庙祀我。"及期而死。

三年孟秋辛卯，侯降于州之后堂，欧阳翼等见而拜之。其夕，梦翼而告曰："馆我于罗池。"其月景辰，庙成，大祭。——柳侯：指柳宗元。若等：你们这些人。梦翼：托梦给欧阳翼。馆我于罗池：为我在罗池筑庙馆。

目　《史记·项羽本纪》：范增数目项王，举所佩玉玦以示之者三。——数目项王：好几次以目示意项王。玉玦：玉器名，状如玉环而有缺，表示决断。范增以所佩玉玦三次给项王看，暗示他下决心杀刘邦。

囊　孙樵《书褒城驿壁》：囊帛椟金，笑与秩终。——囊帛椟金：有丝帛就装入囊中，有金银就装进柜子。

辇　柳宗元《永州韦使君新堂记》：将为穹谷、嵁岩、渊池于郊邑之中，则必辇山石，沟涧壑，陵绝险阻，疲极人力，乃可以有为也。——穹谷：深谷。嵁岩：高深的山岩。渊池：深池。郊邑：邑外谓之郊，郊邑合称则泛指城市。辇：用车搬运，名词用如及物动词，一般用法。沟涧壑：沟通涧壑。陵：登上。绝：越过。险阻：指险阻之处。疲极人力：使人力疲劳耗尽。

刃　《史记·赵世家》：简子出，有人当道，辟之不去，从者怒，将刃之。——辟之：让他避开。辟，同"避"，动词使动用法。刃之：用刀杀他。

黔　《庄子·天运》：夫鹄不日浴而白，乌不日黔而黑。——日黔：每天用黑色染。黔，黑色。

手　《公羊传·庄公十三年》：庄公升坛，曹子手剑而从之。——手剑而从之：手持着剑跟在他的后面。

威　《左传·文公六年》：母义子爱，足以威民。——母亲有道义，儿子又被（先君）喜爱，足以在百姓中树立威望。

席　《庄子·在宥》：黄帝退，捐天下，筑特室，席白茅，间居三月，复往邀之。——席白茅：用白茅为席（铺垫）。间居：单独居住。

刑　《孟子·梁惠王上》：及陷于罪，然后从而刑之，是罔民也。——及：等到。从：随着。刑之：对他们用刑法处罚。

袖　《史记·魏公子列传》：朱亥袖四十斤铁椎，椎杀晋鄙，公子遂将晋鄙军。——袖四十斤铁椎：把四十斤铁椎纳入袖中。

腊　《韩非子·难言》：翼侯炙，鬼侯腊。——翼侯被烤成肉干，鬼侯被做成干肉。

衣　《论语·雍也》：赤之适齐也，乘肥马，衣轻裘。——公西赤到齐国去，乘着肥马，穿着轻暖的皮袍。

缨　曹植《求自试表》：昔贾谊弱冠，求试属国，请系单于之颈而制其命；终军以妙年使越，欲得长缨缨其王，羁致北阙。——弱冠：指男子二十岁左右的年龄。缨：捆绑。

肘　《左传·成公二年》：綦毋张丧车，从韩厥曰："请寓乘。"从左右，（韩厥）皆肘之，使立于后。——丧车：失去了战车。寓乘：搭车。肘之：用肘碰他（不让他站在左右两侧）。

2.2.5　自然物名词用如及物动词，一般用法

风　《说苑·贵德》：吾不能以春风风人，吾不能以夏雨雨人，吾穷必矣！——我不能用春天的和风吹拂人，我不能用夏天的雨水滋润人，我穷困是必然的啊！

火　《左传·昭公九年》：今火出而火陈，逐楚而建陈也。——现在大火（星名）出现而在陈国发生火灾，这是驱逐楚国而建立陈国。

尸　《左传·成公十七年》：公曰："一朝而尸三卿，余不忍益也。"——晋厉公说："一天之中三卿陈尸朝上，我不忍心增加了。"

水　《战国策·魏策三》：决荥泽而水大梁，大梁必亡矣。——荥泽：古泽名，故址在今河南荥阳市。大梁：地名，战

国时魏国都城，今河南开封县地。

2.2.6 施与物与谋求物名词用如及物动词，一般用法

货 《孟子·公孙丑下》：若于齐，则未有处也，无处而馈之，是货之也。——至于在齐国，就没什么理由。没理由还要送我钱财，这等于用金钱收买我。

祸 《三国志·魏书·傅嘏传》：昔夫差陵齐胜晋，威行中国，终祸姑苏。——陵齐：欺凌齐国。终祸姑苏：最终在姑苏遭受灾祸。

爵 《韩非子·定法》：斩一首者爵一级，欲为官者为五十石之官；斩二首者爵二级，欲为官者为百石之官。——斩获一个甲首的升爵一级，想做官的给年俸五十石的官；斩获两个甲首的升爵两级，想做官的给年俸一百石的官。

利 《左传·宣公十二年》：利人之几，而安人之乱，以为己荣，何以丰财？——利人之几：从别人的危难中取利。安人之乱：对别人的动乱心安理得。丰财：使财产丰厚。

名 《左传·成公九年》：名其二卿，尊君也。——称二卿的名字，这是尊崇君王。

重币 《韩非子·存韩》：今贱臣之愚计：使人使荆，重币用事之臣，明赵之所以欺秦者；与魏质以安其心，从韩而伐赵，赵虽与齐为一，不足患也。——贱臣：韩非自己的谦称。使人使荆：派人出使楚国。重币用事之臣：用丰厚的礼品贿赂掌权之臣。明：使……彰明。质：以君主的亲属作为抵押品进行盟约。安其心：使其安心。其，指代魏国。从韩：使韩国跟从；率领韩国。

位 《左传·闵公元年》：大子不得立矣！分之都城而位以卿，先为之极，又焉得立？——太子不能做国君的继承者了！分

给他都城，又给他卿的官位，先让他到了极点，又哪里能够做继承人？位以卿："位"后面省略了宾语"之"。

2.3 名词用如及物动词，使动用法

2.3.1 身份名词用如及物动词，使动用法

霸 《史记·仲尼弟子列传》：故子贡一出，存鲁，乱齐，破吴，强晋而霸越。——存鲁：使鲁国生存下去。乱齐：使齐国乱。破吴：使吴国被攻破。强晋：使晋国强大。霸越：使越国称霸。

臣 《荀子·强国》：古者百王一天下，臣诸侯也，未有过封内千里者也。——古时候百王统一天下，使诸侯称臣，当初自己的境内没有超过方圆一千里的。

臣妾 胡铨《戊午上高宗封事》：今者无故诱致敌使，以诏谕江南为名，是欲臣妾我也，是欲刘豫我也。——致：使……到来。敌使：指金国的使臣。诏谕：以诏书指示臣民。是欲臣妾我也，是欲刘豫我也：这是想让我朝成为奴隶，这是想让我朝君主成为刘豫那样的傀儡皇帝。

帝 《战国策·赵策三》：今秦万乘之国，梁亦万乘之国。俱据万乘之国，交有称王之名，睹其一战而胜：欲从而帝之。——从而帝之：顺从它（秦国）并且尊之为帝。

独 刘恒《赐南粤王赵佗书》：寡人之妻，孤人之子，独人父母，得一亡十。朕不忍为也。——使人家的妻子成为寡妇，使人家的子女成为孤儿，使人家的父母成为孤独者，得到一个而失去十个。我不忍心这样做。寡、孤：用法同"独"。

孤 《史记·张耳陈余列传》：（蒯通）对曰："秦法重，足下为范阳令十年矣，杀人之父，孤人之子，断人之足，黥人之

首，不可胜数。”——范阳令：范阳县令，此指徐公。孤人之子：让人家的儿子成为孤儿。

侯 《史记·吕太后本纪》：四月，太后欲侯诸吕。——侯诸吕：封诸吕为侯。

将 《史记·廉颇蔺相如列传》：使赵不将括即已，若必将之，破赵军者必括也。——假使赵国不任用赵括为将便罢了，如果一定要任他为将，那么使赵国军队战败的人必定是赵括。

君 《孟子·公孙丑上》：得百里之地而君之，皆能以朝诸侯，有天下。——如果得到纵横各一百里的土地，而让他们（指伯夷、伊尹和孔子）做君王，（他们）都能够使诸侯来朝觐，统一天下。

客 《战国策·齐策四》：（冯谖）过其友，曰：“孟尝君客我！”——客我：让我做了他的门客。

妻 《韩非子·忠孝》：是舜出则臣其君，入则臣其父，妾其母，妻其主女也。——臣其君、臣其父：让君主做自己的臣下，让父亲做自己的臣仆。妾其母：让母亲做自己的奴婢。臣、妾：用法同“妻”。妻其主女：让主人的女儿做（自己的）妻子。

人 韩愈《原道》：人其人，火其书，庐其居。——把他们（僧尼）变成普通人，用火焚烧他们的书（佛经），把佛家居住的地方变成普通人居住的地方。

师 《孟子·离娄上》：如耻之，莫若师文王。师文王，大国五年，小国七年，必为政于天下矣。——如果真以之为耻，最好让文王做老师。让文王做老师，大国只需要五年，小国也只需要七年，一定可以得到天下的政治权力。

王 《史记·项羽本纪》：项羽欲自王，先王诸将相。——项羽想自己称王，先封诸将相为王。

相 《战国策·秦策五》：百里奚，虞之乞人，传卖以五羊之皮，穆公相之而朝西戎。——相之：让他（百里奚）做宰相。

质　《左传·僖公十五年》：归之而质其太子，必得大成。——放他（晋侯）回国而让他的太子来做人质，一定能够得到很有利的媾和条件。成：媾和。

烛　《淮南子·俶真训》：若夫真人，……烛十日而使风雨，臣雷公，役夸父，妾宓妃，妻织女，天地之间，何足以留其志？——真人以十个太阳为烛，以风雨为使者，以雷公为臣，以夸父为仆役，以宓妃为妾，以织女为妻。真人：道家称存养本性的得道的人。夸父：《山海经》中的神话人物。宓妃：传说中的洛水女神。

子　《战国策·秦策一》：今欲并天下，凌万乘，诎敌国，制海内，子元元，臣诸侯，非兵不可。——诎敌国：使敌国屈服。子元元：使百姓成为自己的子民。

2.3.2　建造物名词用如及物动词，使动用法

邦　柳宗元《封建论》：周有天下，裂土田而瓜分之；设五等，邦群后。——五等：周朝把诸侯分为公、侯、伯、子、男五等，按爵位来定封地的大小。邦群后：让众多的诸侯建立了国家。邦，国。后，君主，指诸侯。

洞　《聊斋志异·狼三则》：一狼洞其中，意将隧入以攻其后也。——洞其中：在柴堆中挖洞。隧入：从隧洞中钻进去。隧，名词，山中或地下凿成的通路。

馆　《左传·僖公十五年》：（秦伯）改馆晋侯，馈七牢焉。——馆晋侯：让晋侯住到宾馆里去。

国　《史记·晋世家》：齐桓公合诸侯而国异姓。——国异姓：让异姓人立国。

虚　《荀子·儒效》：（周公）杀管叔，虚殷国，而天下不称戾焉。——周公杀掉管叔，灭掉殷国，可是天下的人并不说他残暴。管叔：武王弟鲜，封于管，故称管叔鲜。虚殷国：使原来

的殷都成为废墟。

业 《战国策·齐策四》：此二士弗业，一女不朝，何以王齐国、子万民乎？——弗业：不让他们成就功业。

邑 《史记·吴太伯世家》：有过又欲杀少康，少康奔有虞。有虞思夏德，于是妻之以二女而邑之于纶。——妻之以二女：把两个女儿嫁给他为妻。邑之于纶：让他（少康）在纶（虞国地名）这个地方建邑。

2.3.3 方位地理名词用如及物动词，使动用法

北 《左传·宣公十二年》：（楚王）告令尹，改乘辕而北之，次于管以待之。——北之：使之向北。次：临时驻扎。

鄙 《左传·成公十八年》：大国无厌，鄙我犹憾。——大国的欲求没有个满足，即使使我国成为他们的边邑，（他们）还会觉得遗憾。

等 《荀子·君子》：故尚贤使能，等贵贱，分亲疏，序长幼，此先王之道也。——尚贤使能：推崇和任用贤者、有才能的人。等贵贱：使贵者、贱者有等级差别。分亲疏：分别亲近的人和疏远的人。序长幼：使长幼有序；排列长幼的顺序。

东 《左传·襄公元年》：晋韩厥、荀偃帅诸侯之师伐郑，入其郛，败其徒兵于洧上。于是东诸侯之师次于鄫，以待晋师。——郛：城郭。徒兵：步兵。洧：水名，在郑国。东诸侯之师：命令诸侯的部队向东。次于鄫：驻扎在鄫。鄫，郑地，今河南省睢县东南四十里。

后 《左传·昭公二年》：辞不忘国，忠信也；先国后己，卑让也。——言辞不忘记国家，这是忠信；先国家后自己，这是卑让。先国：把国家摆在前面。后己：把自己放在后面。先、后：方位名词使动用法。

南 《左传·宣公十二年》：令尹南辕，反旆。——令尹把

车头调转向南，倒转旌旗。

前　《徐霞客游记·游黄山后记》：日渐暮，遂前其足，手向后据地，坐而下脱。——前其足：把脚放在前面。

上　《墨子·尚贤中》：贤者举而上之，富而贵之。——贤者选拔出来使他们居于高位，使他们富贵。

外　《左传·庄公十四年》：社稷有主而外其心，其何贰如之！——国家有君主却让自己的心向外，这是多么大的贰心哪！

西　《史记·陈涉世家》：楚已诛秦，必加兵于赵。计莫如毋西兵，使使北徇燕地以自广也。——西兵：使军队向西（进发）。

下　《墨子·尚贤上》：有能则举之，无能则下之。——下之：使之居于下位。

先　《左传·哀公十三年》；秋七月，辛丑，盟，吴、晋争先。……乃先晋人。——乃先晋人：（吴人）就让晋人先歃血盟誓。

左、右　《国语·吴语》：王乃命有司大徇于军曰："谓二三子归而不归，处而不处，进而不进，退而不退，左而不左，右而不右，身斩，妻子鬻。"——徇：对众宣示。归而不归：命令他回来而不回来。处而不处：命令他停止而不停止。进而不进：命令他前进而不前进。退而不退：命令他后退而不后退。左而不左：命令他向左而不向左。右而不右：命令他向右而不向右。前一个"右"后省略宾语"之"。鬻：卖掉。

左、右　《韩非子·外储说左下》：然而驱之不前，却之不止，左之不左，右之不右。——但是驱赶它它不向前，叫它后退它不停止，叫它向左它不向左，叫它向右它不向右。

2.3.4　凭借物名词用如及物动词，使动用法

表　《荀子·天论》：水行者表深，表不明则陷；治民者表

道，表不明则乱。——在水里行走的人，拿深度作为标准，标准不明了，就会遭到淹没；治理人民的人，拿道作为标准，标准不明了，就会造成混乱。

法 《墨子·非儒下》：夫为弟子后生其师，必修其言，法其行。——做学生和青年的老师的，必定要使自己的语言完美，使自己的行为成为榜样。第一个“其”义同“之”。

脯 《战国策·赵策三》：昔者鬼侯、鄂侯、文王，纣之三公也。鬼侯有子而好，故入之于纣。纣以为恶，醢鬼侯。鄂侯争之急，辨之疾，故脯鄂侯。——鬼侯、鄂侯、文王：都是商纣王时的诸侯。文王就是周文王。公：这里指诸侯。子：指女儿。在上古时代，子本是男女的通称。好：貌美。入：进献。恶：丑。醢鬼侯：把鬼侯剁成肉酱。醢，用法同“脯”。故脯鄂侯：所以把鄂侯做成肉干。

醢 《左传·庄公十二年》：宋人请孟获于卫……卫人归之。亦请南宫万于陈，以赂。陈人使妇人饮之酒，而以犀革裹之，比及宋，手足皆见。宋人皆醢之。——宋国人到卫国请求归还孟获。……卫国人把孟获归还宋国。宋国又到陈国请求归还南宫万，并送上财礼。陈国人让妇人劝南宫万饮酒（灌醉了他），而用犀牛皮把他包起来。等到抵达宋国，南宫万的手脚已经挣破犀牛皮而露在外面了。宋国把这两个人都剁成肉酱。赂：此处意为赠送财物。见：显露出来。

阶 《左传·隐公三年》：将立洲吁，乃定之矣，若犹未也，阶之为祸。——如果准备立州吁为太子，那就定下来，如果还定不下来，（州吁）就会拿它作为阶梯而酿成祸乱。州吁：卫国公子。“阶之”的“之”：指受到卫庄公的宠爱。

腊 柳宗元《捕蛇者说》：然得而腊之以为饵，可以已大风、挛踠、瘘、疠，去死肌，杀三虫。——腊之：把它晾成肉干。饵：药饵。已：停止，治愈。大风：麻风病。挛踠：手脚弯曲不能伸展的病。瘘：颈肿。疠：恶性疮疥。

衣　《荀子·富国》：夫天地之生万物也固有余，足以食人矣；麻葛、茧丝、鸟兽之羽毛齿革也固有余，足以衣人矣。——天地生成万物本来是丰富有余，足以养活人民的；丝麻、鸟羽兽革本来丰富有余，足以供给人民穿用的。

2.3.5　自然物名词用如及物动词，使动用法

汗　柳宗元《陆文通先生墓表》：其为书，处则充栋宇，出则汗牛马。——充栋宇：是说书籍堆满屋子，高及栋梁。汗牛马：使牛马出汗。这是说牛马运书时累得出汗。

然　《荀子·劝学》：巢非不完也，所系者然也。——所系者然也：巢所系的地方使它这样的。“然”后省略了宾语“之”。

肉　《国语·吴语》：君王之于越也，繄起死人而肉白骨也。——繄：是。起死人而肉白骨：使死人复活，使白骨生肉。肉，名词使动用法。

物　《荀子·天论》：思物而物之，孰与理物而勿失之也！——思念万物而想使万物成为（自己的）物，哪如管理好自己的物而不失掉它们呢？

序　《荀子·君子》：故尚贤使能，等贵贱，分亲疏，序长幼，此先王之道也。——尚贤使能：推崇和任用贤者、有才能的人。等贵贱：使贵者、贱者有等级差别。分亲疏：分别亲近的人和疏远的人。序长幼：使长幼有序；排列长幼的顺序。

2.3.6　施与物与谋求物名词用如及物动词，使动用法

德　《战国策·魏策二》：魏王之年长矣，今有疾，不如归太子以德之。——魏王的年纪大了，现在又生病，不如让太子回到魏国，以此来施与魏国恩德。

饭 《史记·外戚世家》：姊去我西时，与我决于传舍中，丐沐沐我，请食饭我，乃去。——去：离开。决：告别。传舍：供旅客暂宿的房屋。丐沐沐我：乞讨米汁为我洗发。丐，乞求。第一个“沐”，指米汁。第二个“沐”，动词为动用法。饭我：给我饭吃。

福 《墨子·法仪》：爱人利人者，天必福之；恶人贼人者，天必祸之。——天必福之：上天一定使他们得福。天必祸之：上天一定使他们遭祸。

官 《国语·晋语一》：夫太子，君之贰也，恭以俟嗣，何官之有？今君分之土而官之，是左之也。——贰：副，此指副君。俟嗣：等待着继承（王位）。官之：授给他官职。左之：降低他（太子）的身份。古代以左为下，以左为卑。

患 《国语·鲁语下》：若我往，晋必患我。——患我：使我受到祸患（即被逮捕）。

惠 《荀子·王制》：庶人骇政，则莫若惠之。——老百姓因政治而惊骇，那么就不如施与他们恩惠。

祸 《左传·僖公二十八年》：天祸卫国，君臣不协，以及此忧也。——上天降祸给卫国，君臣不和协，所以才遭到这样的忧患。祸卫国：使卫国受祸。

爵 《史记·郑世家》：楚王诸弟皆谏王赦之，于是赦解扬使归。晋爵之为上卿。——晋爵之为上卿：晋国授给他爵位做了上卿。

利 《论语·尧曰》：因民之所利而利之，斯不亦惠而不费乎？——就着人民能得到利益之处因而使他们获利，这不是给人民以好处而自己却无所耗费吗？

禄 《史记·齐太公世家》：桓公既得管仲，与鲍叔、隰朋、高傒修齐国政，连五家之兵，设轻重鱼盐之利，以赡贫穷，禄贤能，齐人皆说。——鲍叔、隰朋、高傒：齐人。赡：供给，供养。禄贤能：赐给贤能之人俸禄。说：同“悦”。

位　《史记·樗里子甘茂列传》：苏代谓齐湣王曰：“夫甘茂，贤人也。今秦赐之上卿，以相印迎之。……今王何以礼之?”齐王曰：“善。”即位之上卿而处之。——何以礼之：如何礼遇他。位之上卿而处之：赐给他上卿之位而让他留下来。

2.4　名词用如及物动词，意动用法

2.4.1　身份名词用如及物动词，意动用法

臣　《孟子·万章上》：语云：“盛德之士，君不得而臣，父不得而子。”——俗话说：“道德最高的人，君主不能把他看作臣下，父亲不能把他看作儿子。”

父　《三国志·吴书·步骘传》：天子父天母地。——天子把天看作父亲，把地看作母亲。

君　《韩非子·忠孝》：尧为人君而君其臣，舜为人臣而臣其君。——尧做君主，却把他的臣下看成是君主；舜做臣下，却把他的君主当作臣下。据传说，尧年老后让舜管理部落联盟事务，大权由舜掌握。

老　《孟子·梁惠王上》：老吾老，以及人之老；幼吾幼，以及人之幼，天下可运于掌。——把我的长辈当作长辈（来尊敬），并且把这恭敬之心推及别人的长辈身上；把我的晚辈当作晚辈（来抚爱），并且把这抚爱之心推及别人的晚辈身上，那么天下就可以运转在手掌上。

母　《后汉书·李固传》：王者父天母地，宝有山川。——父天母地：以天为父，以地为母。

奴　韩愈《原道》：入者主之，出者奴之；入者附之，出者污之。——请进来的把它看作主人，排斥出去的把它看作奴隶；

请进来的归附它，排斥出去的污蔑它。

亲 《孟子·离娄上》：人人亲其亲，长其长，而天下平。——亲其亲：把自己的父母看作父母。长其长：把自己的长辈看作长辈。长，用法同“亲”。

幼 张载《西铭》：尊高年，所以长其长；慈孤弱，所以幼其幼。——长其长：把长辈们当作长辈尊重。幼其幼：把孩子们当作孩子疼爱。

主 《孟子·公孙丑下》：父子主恩，君臣主敬。——父子之间把慈爱作为根本，君臣之间把恭敬作为根本。

子 《韩非子·忠孝》：有道者，父固不得而子，君固不得而臣也。

2.4.2 建造物名词用如及物动词，意动用法

事 韩愈《原道》：今也欲治其心，而外天下国家者，灭其天常，子焉而不父其父，臣焉而不君其君，民焉而不事其事。——外天下国家：置天下国家大事于度外，意即不关心天下国家大事。天常：天伦。不父其父：不把他的父亲当作父亲。不君其君：不把他的君主当作君主。不事其事：不把他的工作当作他自己的工作。

2.4.3 方位地理名词用如及物动词，意动用法

鄙 《左传·宣公十四年》：过我而不假道，鄙我也。鄙我，亡也。——经过我国却不先向我国借路，这是把我国看成楚国的边邑了啊。把我国看成楚国的边邑，这是认为我国已经灭亡了。

外 《孟子·公孙丑上》：我故曰，告子未尝知义，以其外之也。——我因此说，告子不曾懂得义，因为他认为义在心之外。

2.4.4　凭借物名词用如及物动词，意动用法

法　《墨子·法仪》：天下之为父母者众，而仁者寡。若皆法其父母，此法不仁也。法不仁，不可以为法。——天下做父母的人很多，而仁者很少。若都以其父母作为法则，这就是以不仁作为法则。以不仁为法则，不可以作为真正的法则。

器　《论语·子路》：君子易事而难说也。说之以不道，不说也；及其使人也，器之。——易事：容易事奉。难说：很难让他喜悦。后面省略了宾语“之”。器之：把人看作器具，即根据各人的特长去使用，而不要求具备各种才能。

2.4.5　自然物名词用如及物动词，意动用法

本　《荀子·儒效》：圣人也者，本仁义，当是非，齐言行，不失毫厘，无它道焉，已乎行之矣。——所谓圣人，以仁义为根本，能恰当地判断是非，使言行保持一致，而不犯丝毫错误，这并没有别的道理，就是落实在实行上面。当是非：恰当地判断是非。

道　韩愈《原道》：其所谓道，道其所道，非吾所谓道也。——他（老子）所说的道，是把他认为是道的东西当作道，并不是我所说的道。

根　《三国志·魏书·王昶传》：夫虚伪之人，言不根道，行不顾言。——言不根道：说话不以道为根本。

实　白居易《与元九书》：诗者，根情，苗言，华声，实义。——诗以情为根，以言为苗，以声律为花，以义为果实。

天　《荀子·礼论》：故王者天太祖，诸侯不敢坏。——天太祖：以太祖为天；认为太祖与天等同。即把太祖和天同祭。太祖，一个朝代的开创皇帝。坏：毁坏（太祖的庙）。

2.4.6 施与物与谋求物名词用如及物动词，意动用法

宝 《孟子·尽心上》：宝珠玉者，殃必及身。——宝珠玉者：把珠玉看成宝物的人。

功 《史记·魏公子列传》：夺晋鄙兵以救赵，于赵则有功矣，于魏则未有忠臣也。公子乃自骄而功之，窃为公子不取也。——功之：把这件事看作自己的功劳。

祸 《庄子·秋水》：明乎坦涂，故生而不说，死而不祸，知始终之不可故也。——他明白从生到死是一条正常的道路，因此活着并不感到喜悦，死了也并不认为是灾祸。

利 《韩非子·奸劫弑臣》：若此臣者，不畏重诛，不利重赏，不可以罚禁也，不可以赏使也。——不利重赏：不把重赏看作利。

2.5 名词用如及物动词，为动用法

2.5.1 身份名词用如及物动词，为动用法

臣 《韩非子·难二》：管仲，公子纠之臣也，谋杀桓公而不能，其君死而臣桓公。——臣桓公：做了桓公的臣下。

2.5.2 建造物名词用如及物动词，为动用法

馆 韩愈《柳州罗池庙碑》：（柳侯）尝与其部将魏忠、谢宁、欧阳翼饮酒驿亭，谓曰："吾弃于时，而寄于此，与若等好也。明年吾将死，死而为神，后三年，为庙祀我。"及期而死。三年孟秋辛卯，侯降于州之后堂，欧阳翼等见而拜之。其夕，梦翼而告曰："馆我于罗池。"其月景辰，庙成，大祭。——柳侯：

指柳宗元。若等：你们这些人。梦翼：托梦给欧阳翼。馆我于罗池：为我在罗池筑庙馆。

2.5.3　方位地理名词用如及物动词，为动用法

无

2.5.4　凭借物名词用如及物动词，为动用法

介　《左传·昭公二十五年》：季、郈之鸡斗。季氏介其鸡，郈氏为之金距。——季氏、郈氏斗鸡。季氏给鸡套上皮甲，郈氏给鸡安上了金属爪子。介：同“甲”。距：鸡爪。

阶　《国语·周语中》：今王外利矣，其无乃阶祸乎？——现在大王树利于外（指夷狄之族），恐怕是为祸乱准备阶梯吧？

履　《史记·留侯世家》：父曰：“履我！”（张）良业为取履，因长跪履之，父以足受，笑而去。——履我：给我穿上鞋。业：既，已。长跪：挺直身腰跪着，表示庄重。履之：给他穿上鞋。

式　《论语·乡党》：凶服者式之。式负版者。——乘车时遇着拿了送死人衣服的人，应向他俯身扶轼（表示同情）。遇见背负国家图籍的人，也应向他俯身扶轼（表示敬意）。版：国家图籍。

轼　《吕氏春秋·期贤》：魏文侯过段干木之闾而轼之。——魏文侯经过段干木的故居，向故居行扶轼之礼。段干木：战国时魏国人，隐居不受官禄。

席　苏辙《武昌九曲亭记》：有废亭焉，其遗址甚狭，不足以席众客。——席众客：给众客提供席位。

2.5.5　自然物名词用如及物动词，为动用法

无

2.5.6 施与物与谋求物名词用如及物动词，为动用法

德 《韩非子·外储说左下》：以功受赏，臣不德君。——因为功劳而受到赏赐，臣下不用对君王感恩。

2.6 名词用作状语

2.6.1 身份名词用作状语

臣 《荀子·王霸》：臣使诸侯，一天下，是又人情之所同欲也，而天子之礼制如是者也。——像支使臣下那样地支使诸侯，统一天下。这也是人情所共同希求的，而天子的礼制正是这样的。

臣 《战国策·韩策一》：今大王西面交臂而臣事秦，何以异于牛后乎？——交臂：叉手、拱手，表示恭敬。臣事秦：以臣的身份去侍奉秦国。

父 《史记·张丞相列传》：张苍德王陵。王陵者，安国侯也。及苍贵，常父事王陵。——德王陵：对王陵感恩。父事王陵：像对待父亲那样侍奉王陵。

客 《史记·孙子吴起列传》：齐将田忌善而客待之。——善：好。认为（孙膑）很好。

奴 《史记·宋微子世家》：子鱼曰："兵以胜为功，何常言与！必如公言，即奴事之耳，又何战为?"——何常言与：常，同"尚"，即尚何言与，还说什么呢。必如公言：一定像你说的那样。公，指宋襄公。奴事之：像奴隶一样侍奉对方。之，此指楚国。

奴 《史记·卫将军骠骑列传》：（卫）青为侯家人，少时

归其父，其父使牧羊。先母之子皆奴畜之，不以为兄弟数。——奴畜之：把他当作奴隶看待。

人　《左传·庄公八年》：射之，豕人立而啼。——人立：像人一样地站立。

人　《韩非子·难势》：释势委法，尧、舜户说而人辩之，不能治三家。——户说而人辩之：挨家挨户地游说，逐人逐个地辩说。

师　《史记·越王勾践世家》：庄生虽居穷阎，然以廉直闻于国，自楚王以下，皆师尊之。——庄生：人名。师尊之：像尊敬老师一般地尊敬他。

长　《国语·晋语四》：（晋公子）父事狐偃，师事赵衰，而长事贾佗。——晋公子（后为晋文公）像对待父亲一样地侍奉狐偃，像对待老师一样地侍奉赵衰，像对待兄长一样地侍奉贾佗。

2.6.2　建造物名词用作状语

壁　《史记·儒林列传》：秦时焚书，伏生壁藏之。其后兵大起，流亡。汉定，伏生求其书，亡数十篇，独得二十九篇。——壁藏之：在墙壁里把它藏起来。

壁　《徐霞客游记·游黄山后记》：惟一石顶壁起犹数十丈，澄源寻视其侧，得级，挟予以登。——壁起：像墙壁一样直立起来。挟予以登：拉着我登了上去。

巢　《庄子·盗跖》：古者禽兽多而人少，于是民皆巢居以避之，昼拾橡栗，暮栖木上，故命之曰“有巢氏之民”。——巢居：在巢中居住。橡栗：橡树的果实。

城　《史记·秦本纪》：三十六年，缪公复益厚孟明等，使将兵伐晋，渡河焚船，大败晋人，取王官及鄗，以报殽之役。晋人皆城守不敢出。——城守：据城防守。

户 《战国策 · 韩策三》：吴人入越而户抚之。——户抚之：挨家挨户安抚百姓。

家 韩愈《曹成王碑》：一吏轨民，使令家听户视，奸宄无所宿。—— 一吏：统一官吏行动。家听户视：挨家听，逐户看。

隧 《聊斋志异 · 狼三则》：一狼洞其中，意将隧入以攻其后也。——洞其中：在柴堆中挖洞。隧入：从隧洞中钻进去。隧，名词，山中或地下凿成的通路。

2.6.3 方位地理名词用作状语

道 《左传 · 襄公三十六年》：大夫逆于竟者，执其手而与之言。道逆者，自车揖之。逆于门者，颔之而已。——竟：同“境”，边境。道逆者：在大路上迎接时。自车揖之：从车上向他们作揖。颔之：对他们点点头。

谷 《韩非子 · 五蠹》：夫山居而谷汲者，媵腊而相遗以水。——山居：在山上住。谷汲：在山谷里汲水。媵腊：楚国人二月祭祀饮食神的节日叫媵，冬十月祭祀百神的节日叫腊。这里泛指节日。

郊 《国语 · 越语上》：是故败吴于囿，又败之于没，又郊败之。——囿：笠泽，今太湖一带。没：吴国地名。又郊败之：又在吴国都城的郊外打败了吴国。

面 《战国策 · 齐策一》：群臣吏民，能面刺寡人之过者，受上赏。——面刺寡人之过：当面举出我的过失。

木 韩愈《原道》：寒然后为之衣，饥然后为之食。木处而颠，土处而病也，然后为之宫室。——木处而颠：在树上住容易掉下来。颠，坠落。土处而病：在土地上住容易生病。为之衣、为之食、为之宫室：皆为动双宾结构。

廷 《史记 · 廉颇蔺相如列传》：（秦王）卒廷见相如，毕礼而归之。——廷见：在朝廷上接见。归之：送他回国。

2.6.4　凭借物名词用作状语

箕畚　《列子·汤问》：遂率子孙荷担者三夫，叩石垦土，箕畚运于渤海之尾。——夫：成年男子。叩石垦土：凿石挖土，指挖山。箕畚运于渤海之尾：用箕畚装运到渤海边上。

丹　《史记·陈涉世家》：陈胜、吴广喜，念鬼，曰："此教我先威众耳。"乃丹书帛曰"陈胜王"，置人所罾鱼腹中。——威众：在众人中树立威望。丹书帛：用朱砂在绸子上写。王：称王。罾：用罾捕捉。

法　《史记·陈涉世家》：会天大雨，道不通，度已失期。失期，法皆斩。——会：逢，遇上。度：估计。失期：误期。法皆斩：按法律都要杀掉。

辐　柳宗元《封建论》：周有天下，裂土田而瓜分之；设五等，邦群后。布履星罗，四周于天下，轮运而辐集。——五等：周朝把诸侯分为公、侯、伯、子、男五等，按爵位来定封地的大小。邦群后：让众多的诸侯建立了国家。邦，国，名词使动用法。后，君主，指诸侯。布履：分布足迹，指诸侯管辖的疆域。星罗：像星星一样地罗列着（比喻其多）。四周于天下：四面遍布在大地上。轮运而辐集：像车轮一样（始终围绕着中心）运转，像辐条（聚向轴心那样）集中。比喻周初诸侯团结在周王的周围，服从统帅指挥。

口　《战国策·齐策六》：王至朝日，宜召田单而揖之于庭，口劳之。——揖之：对他作揖。揖，动词为动用法。口劳之：亲口慰劳他。

目　《史记·平原君虞卿列传》：平原君竟与毛遂偕。十九人相与目笑之而未废也。——毛遂：平原君食客。偕：同行。目笑之：使眼色来耻笑他（指毛遂）。废：止，停止。

缀　《史记·货殖列传》：于是太公劝其女功，极技巧，通鱼盐，则人物归之，缀至而辐凑。——女功：指纺织、缝制等工艺。缀至而辐凑：像钱串子那样成群地到来，像辐条聚向轴心那样会集。缀，穿钱的绳子，此处指代钱串。

手 《韩非子·难三》：有间，遣吏执而问之，则手绞其夫者也。——隔了一会儿，（郑国大夫子产）派官吏把妇人抓来审问，原来她就是亲手绞死自己丈夫的人。

手 《史记·司马相如列传》：于是乎乃使专诸之伦，手格此兽。——于是让专诸之类的勇士，徒手搏击这些野兽。专诸：春秋吴国人，曾刺杀吴王僚。伦：类。格：搏击。

橐 《战国策·秦策三》：伍子胥橐载而出昭关，夜行昼伏，至于蔆水，无以饵其口。——橐：口袋，名词用作状语，用口袋（装载）。蔆水：即溧水。饵其口：用粗糕饼填嘴。

义 《韩非子·显学》：今有人于此，义不入危城，不处军旅。——义：作状语，意为“按照义……”。

2.6.5 自然物名词用作状语

火 《庄子·天地》：彼且乘人而无天，方且本身而异形，方且尊知而火驰。——他就将驾临于众人之上，从而丧失了自然之性；就会以自身为本位而（使万物）各异其形；就会以为（自己的）智慧最崇高而像火一样地四处奔波。彼：他，指啮缺。无：同“亡”，丧失。

冰 《三国志·魏书·刘放传》：守则淮南冰消，战则官渡大败。——冰消：像冰块似的消融。

电 《三国志·吴书·陆逊传》：若敌泛舟顺流，舳舻千里，星奔电迈，俄然而至，非可恃援他部以救倒悬也。——舳舻：船尾称舳，船头称舻，这里指首尾相接的大队船只。星奔电迈：像流星一样奔进，像闪电一样行进。俄然：很快。倒悬：此处喻指危险的局势。

风　庾信《哀江南赋》：于时瓦解冰泮，风飞电散。——于时：在那时。瓦解：如瓦之解。冰泮：像冰块似的散解。风飞：如风之飞飘。电散：如电之消散。

龟　马中锡《中山狼传》：（狼）猬缩蠖屈，蛇盘龟息，以听命先生。——猬缩：像刺猬一样卷缩。蠖屈：像蠖虫一样卷屈。蛇盘：像蛇一样盘起来。龟息：像乌龟那样呼吸调息，指呼吸很轻微。

虎　《史记·南越列传》：秦为无道，天下苦之，项羽、刘季、陈胜、吴广等州郡各共兴军聚众，虎争天下。——刘季：刘邦。虎争：像猛虎争食一样。

狼　《世说新语·识鉴》：苻坚将问晋鼎，既已狼噬梁、岐，又虎视淮阴矣。——狼噬：像狼一样地吞噬。虎视：像老虎一样地注视着。

雷　枚乘《七发》：冥火薄天，兵车雷运。——冥火：黑夜的火花。薄：迫近。雷运：像迅疾的雷声一样地滚动。

鸟　《三国志·吴书·陆逊传》：蛮夷猾夏，未染王化，鸟窜荒裔，拒逆王师。——猾夏：扰乱中原。鸟窜荒裔：像飞鸟一样逃窜到荒野边远之地。裔，边远之地。

日　《战国策·魏策一》：秦果日以强，魏日以削。——日：一天天。

兽　苏轼《教战守策》：是以区区之禄山一出而乘之，四方之民，兽奔鸟窜。——乘：乘机，钻空子，此处指安禄山叛乱。兽奔鸟窜：像鸟兽一样逃窜。

水　《国语·鲁语上》：冥勤其官而水死。——冥为履行职务辛勤劳苦，死在水里。冥：契后六世孙，夏代的水官。

水　《庄子·秋水》：夫水行不避蛟龙者，渔夫之勇也。——在水里行走不避蛟龙的，是渔夫的勇敢。

瓦　《史记·匈奴列传》：故其见敌则逐利，如鸟之集；其困败，则瓦解云散矣。——瓦解云散：像瓦一样解体，像云一样消散。

雾 《史记·淮阴侯列传》：天下初发难也，俊雄豪杰，建号一呼，天下之士云合雾集。——云合雾集：如云雾一样聚合。

月 《孟子·滕文公下》：请损之，月攘一鸡，以待来年然后已。——损：减少。月：每月。攘：扣留跑来的家禽牲畜，和“偷”有些不同。

云 《三国志·吴书·鲁肃传》：今汉室倾危，四方云扰。——云扰：像云一样纷乱。

2.6.5 施与物与谋求物名词用作状语

无。

2.7 名词活用情况小结

根据上面的描述，现将名词活用的情况小结如下。

从总的情况来看，在名词六种活用类型中，名词用为不及物动词、名词用为及物动词一般用法、名词用为及物动词使动用法这三种活用现象比较丰富，名词用为及物动词意动用法、名词用为及物动词为动用法这两种活用现象要相对少一些。

从活用词语的语义分类的情况来看，每个语义小类在不同的活用用法中的情况又有所不同。分述如下：

（1）在名词用为不及物动词的用法中，除了施与物与谋求物名词的活用用例较少之外，身份名词、建造物名词、方位地理名词、凭借物名词、自然物名词的活用用例都较为丰富，而且比较均衡。这种情况从一个方面说明：名词比较容易形成不及物动词的用法。这大概和名词形成不及物动词用法的句法条件比较简单有关。

（2）在名词用为及物动词一般用法中，自然物名词、施与物与谋求物名词这两个小类的活用用例很少；建造物名词、方位地理名词这两个小类的活用用例稍多一些；身份名词、凭借物名词这两个小类的活用用例相对丰富，尤其是凭借物名词的活用。从这一点来看，凭借物同动作行为的关系似乎更为密切。

（3）在名词用为及物动词使动用法中，身份名词的活用用例较多，方位地理名词、施与物与谋求物名词两个小类的活用用例也还可以。这种情况可能同使动用法所表示的使动意义有关。使动意义表示一定的意愿、外力使人和事物发生一定的变化。身份名词的使动用法主要表示人的身份的变化，方位地理名词的使动用法主要表示人和事物空间位置的变化，施与物与谋求物的使动用法主要表示事物所有情况的变化。所以这三个小类的使动用法相对多一些。其他三个小类，建造物名词表示的事物比较稳定，自然物名词表示的事物较少受意愿的影响，凭借物名词表示的事物本来就是供人使用，并不需要意愿的强制性。所以，这三个小类的名词使动用法较少。

（4）在名词用为及物动词意动用法中，除了身份名词比其他小类的名词活用用例略多一些之外，其他小类的意动用法的用例都较少。名词的意动用法的语法意义主要表示主观上对一定的对象进行评价、认定和看待。在社会中，人的身份和对人的看法具有多样性和可变性，所以，身份名词的意动用法要多一些。至于建造物、自然物、凭借物、方位地理、施与物与谋求物这些事物，对它们的评价和认定基本上都是一致的，很少具有可变性和多样性。

（5）名词用为及物动词为动用法的用例较为贫乏。在我们搜集的语料中，方位地理名词和自然物名词没有发现为动用法的用例。身份名词、建造物名词、施与物与谋求物名词的为动用法的用例仅发现各一例。凭借物名词的为动用法的用例也只有六例。这种情况可能和名词变化为为动用法的句法难度较大有关。一方面名词要进行语义扩展，另一方面又要选择为动宾语，而为动宾语是相对少见的。这大概就是名词为动用法较为贫乏的原因。

（6）在名词用作状语的情况中，自然物名词用作状语的用例最多，其次是凭借物名词，身份名词、建造物名词、方位地理名词这三个小类的用例都不多，施与物与谋求物名词用作状语的用例则没有发现。

上述对名词活用情况的归纳是根据我们搜集到的语料的状况，并且仅仅根据活用用例的多少，而没有考虑名词的词频和使用范围，所以上述归纳的情况只能作为对名词活用分析的一个参考。

第三章　形容词活用状况的分类描述

在对形容词活用状况的描述中，我们也尝试着做了一件工作，那就是对活用的形容词按照词汇语义，并参照在句子中表现出的句法意义进行分类，这样可以对形容词活用的状况观察得更细致一些，对于形容词活用状况的语义分析也是一件必要的铺垫工作。

活用的形容词按照词汇语义，并参照在句子中表现出的句法意义，可以粗略地分为如下六个小类。

（1）度量形容词：表示人和事物的量的状况的形容词。例如：大、小、多、寡、高、下、老、久、长、短、远、近、轻、重、完、备、是、非。

（2）方式形容词：表示动作、行为、变化、联系的方式的形容词。例如：当、齐、私、公、同、专。

（3）性质形容词：表示人和事物的静态的性质的形容词。例如：卑、薄、贵、贱、美、恶、高、强、弱、巧、拙、贤、勇、愚、智。

（4）情境形容词：表示人和事物所处的环境、状况、地位、形势的形容词。例如：安、敝、定、丰、富、孤、固、和、宏、静、乱、宁、平、危、虚。

（5）态度形容词：表示人对事物、事件等表情、态度的形容词。例如：傲、骄、暴、卑、慢、轻、怒、下、小、重。

（6）感觉形容词：表示人的感受、感情、感觉等的形容词。例如：悲、哀、羞、愧、耻、甘、苦、窘、困、乐、惊。

下面按照以上所分的小类对形容词的活用状况进行描述。

3.1 形容词活用为及物动词，一般用法

3.1.1 度量形容词活用为及物动词，一般用法

备 曹丕《典论·论文》：此四科不同，故能之者偏也；唯通才能备其体。——四科：指奏议、书论、铭诔和诗赋。通才：各方面都精通的人。备其体：全部精通其体式。

博 汪琬《传是楼记》：古之善读书者，始乎博，终乎约。博之而非夸多斗靡也，约之而非保残安陋也。——博之：广博地读书。斗靡：比赛华美。约之：精约地读书。安陋：安于浅陋，不求深入理解。

充 《孟子·滕文公下》：仲子恶能廉？充仲子之操，则蚓而后可者也。——仲子怎么能叫作廉洁？要完全实现仲子的操守，那只有先变成蚯蚓，然后才能办到。仲子：陈仲子，齐国隐士。

大 《战国策·魏策三》：宋人有学者，三年反而名其母。其母曰："子学三年，反而名我者，何也？"其子曰："吾所贤者，无过尧、舜，尧、舜名；吾所大者，无大天地，天地名。今母贤不过尧、舜，母大不过天地，是以名母也。"——反：同"返"。名其母：对其母直呼其名。名我：对我直呼姓名。吾所贤者：我所认为贤明的人。尧、舜名：尧舜（我）也直呼其名。吾所大者：我所认为伟大的。无大天地：没有天地大。天地名：天地（我）也直呼其名。名母：对母亲直呼其名。

尽 《庄子·养生主》：可以保身，可以全生，可以养亲，可以尽年。——可以保住自身，可以全养性灵，可以颐养其新生之机，可以尽享天年。生：同"性"，性灵。亲：高亨说"当读为新"。

齐　《史记·平津侯主父列传》：昔秦皇帝任战胜之威，蚕食天下，并吞战国，海内为一，功齐三代。——功齐三代：功绩与三代相等同。三代，指夏禹、商汤、周文王三个时期。

穷　《史记·李斯列传》：吾既已临天下矣，欲悉耳目之所好，穷心志之所乐。——悉、穷：意为“看尽、听尽、享尽”。

少　《左传·昭公元年》：司马侯问焉，曰：“子之车，尽于此而已乎?”对曰：“此之谓多矣！若能少此，吾何以得见?”——司马侯询问说：“您的车辆全都在这里了吗?”（后子）回答说：“这已经算多啦！如果能比这些少，我怎么能见到你呢?”

深　《荀子·修身》：人无法则伥伥然，有法而无志其义则渠渠然，依乎法而又深其类，然后温温然。——伥伥然：无所适从的样子。无志其义：不理解它的道理。志，同“识”，知道。渠渠然：局促不安的样子。深其类：深深地懂得事类。类，指能按法令的规定去类推、掌握各类事物。温温然：得心应手的样子。

新　陆贽《奉天请罢琼林大盈二库状》：玄宗悦之，新是二库。荡心侈欲，萌柢于兹。——新是二库：新建这两个库。荡心侈欲：使心放纵，使嗜欲增多。萌柢于兹：从这里生根发芽。

远　《论语·学而》：恭近于礼，远耻辱也。——态度容貌恭矜合于礼，就能远离耻辱。

周　晁错《论贵粟疏》：其为物轻微易臧，在于把握，可以周海内而亡饥寒之患。——臧：同“藏”。周海内：周游海内，走遍海内。

重　《战国策·楚策三》：楚王令昭雎之秦重张仪。——重张仪：重用张仪。

3.1.2 方式形容词活用为及物动词，一般用法

当 《荀子·儒效》：圣人也者，本仁义，当是非，齐言行，不失毫厘，无它道焉，已乎行之矣。——所谓圣人，推原仁义，辨正是非，齐一言行，而不犯丝毫错误，这并没有别的道理，就是落实在实行上面。本仁义：拿仁义做根本。当是非：恰当地判断是非。

齐 《荀子·王霸》：百官则将齐其制度，重其官秩，若是，则百吏莫不畏法而遵绳矣。——齐其制度：一致遵守制度。重其官秩：看重他们的官职和俸禄。绳：指法律。

明 《庄子·胠箧》：彼圣人者，天下之利器也，非所以明天下也。——圣人：指圣人之道。利器：指治国的方法。明天下：明示天下；向天下人明示。

私 《战国策·齐策二》：大王苟能闭关绝齐，臣请使秦王献商於之地，方六百里。若此，齐必弱，齐弱则必为王役矣。则是北弱齐，西德于秦，而私商於之地以为利也。——绝齐：同齐国绝交。商於：秦地，今陕西商州区至河南西峡县一带。北弱齐，西德于秦：北面削弱了齐国，西面又施德于秦。私商於之地：独自占有商於之地。

同 《左传·宣公十二年》：事之不捷，恶有所分，与其专罪，六人同之，不犹愈乎？——战斗如果不胜利，恶果会有人分担；与其单独担当罪责，六个人共同担当，不是还好一些吗？专罪：独自担当罪责。

专 《左传·襄公二十年》：庆氏无道，求专陈国。——专陈国：独自执掌陈国。

3.1.3 性质形容词活用为及物动词，一般用法

贵 《墨子·天志中》：今天下之人曰："当若天子之贵诸

侯，诸侯之贵大夫，僑明知之。然吾未知天之贵且知于天子也。”——贵诸侯：比诸侯尊贵。贵大夫：比大夫尊贵。僑明：明确，明白。僑，当为“碻”，即“确”。知：同“智”，聪明。

3.1.4　情境形容词活用为及物动词，一般用法

利　《史记·吴王濞传》：吴多步兵，步兵利险；汉多车骑，车骑利平地。——利险：在险阻地方有利。利平地：在平坦地方有利。

3.1.5　态度形容词活用为及物动词，一般用法

安　《荀子·荣辱》：譬之越人安越，楚人安楚，君子安雅，是非知能材性然也，是注错习俗之节异也。——这好比越人安居在越国，楚人安居在楚国，君子安居在中原，这不是（他们的）智能和本性使他们如此，这是由于（他们的）行为和习俗的节律不同。雅：同“夏”，指中原一带。然：后面省略了宾语“之”。注错：措置，指行为举止。

必　《韩非子·五蠹》：故明主必其诛也。——所以英明的君主要坚决执行刑罚。

固　《论语·卫灵公》：君子固穷，小人穷斯滥矣。——君子固守穷困，小人穷困就胡作非为了。斯：就。滥：泛滥，此指违法越规。

厚　《墨子·非儒下》：为欲厚所至私，轻所至重，岂非大奸也哉？——厚所至私：厚待最偏爱的人。轻所至重：慢待关系最亲厚的人。

谨　《孟子·梁惠王上》：谨庠序之教，申之以孝悌之义，颁白者不负戴于道路矣。——认真地对待学校教育，反复地用孝顺父母尊敬兄长的道理来训导他们，（那么人人都会敬老尊长）须发花白的老人就不会头顶背负着重物在路上行走了。庠序：古

代乡学，商朝叫序，周朝叫庠，这里泛指学校。申：重复，指反复说明。孝悌：善于侍奉父母叫孝，善于尊敬兄长叫悌。颁白：颁也写作“斑”，须发半白。负戴：负是背东西，戴是用头顶东西。

近 《史记·李斯列传》：尽除去先帝之故臣，更置陛下之所亲信者近之。——把先帝（指秦始皇）的老臣全部除去，换上陛下所亲信的人亲近他们。

隆 《荀子·修身》：故君子隆师而亲友，以致恶其贼。——君子要尊崇老师，亲近朋友，还要痛恨自己的仇寇。

美 《韩非子·五蠹》：今有美尧、舜、鲧、禹、汤、武之道于当今之世者，必为新圣笑矣。——美：赞美。鲧：禹的父亲。汤：商王朝的建立者。武：周武王。新圣：新时代的圣人。

戚 《孟子·告子下》：有人于此，越人关弓而射之，则己谈笑而道之，无他，疏之也；其兄关弓而射之，则己垂涕泣而道之，无他，戚之也。——关弓：开弓。疏之：与他关系疏远。戚之：与他关系亲密。

仁 《孟子·尽心上》：亲亲而仁民，仁民而爱物。——君子亲爱自己的亲人，推而仁爱百姓；仁爱百姓，推而爱惜万物。

善 《战国策·楚策三》：甘茂善魏，公孙郝善韩。——甘茂同魏国关系好，公孙郝同韩国关系好。甘茂、公孙郝：两人都是秦国大臣。

慎 《论语·学而》：慎终追远，民德归厚矣。——谨慎地对待父母的死亡，追念远代祖先，自然会使百姓归于忠厚老实。终：老死，这里指父母的死亡。

疏 《三国志·魏书·董昭传》：夫戚族人而疏所生，内所寓而外王室，怀邪禄而叛知己，远福祚而近危亡，弃明义而收大耻，不亦可惜邪！——戚族人而疏所生：亲近同族之人而疏远生身之父。

3.1.6　感觉形容词活用为及物动词，一般用法

饱　孙樵《书褒城驿壁》：当愁醉醲（nóng），当饥饱鲜，囊帛椟金，笑与秩终。——在愁闷的时候就喝醉美酒，在饥饿的时候就吃饱鱼虾鲜味。有绸帛就装入囊中，有金银就装进柜子。喜笑颜开，一直高兴到卸任。醉、饱：用法相同。囊、椟：此处意为“用囊装”“用柜子装”。

3.2　形容词活用为及物动词，使动用法

3.2.1　度量形容词活用为及物动词，使动用法

昂　《聊斋志异·促织》：市中游侠儿得佳者笼养之，昂其直，居为奇货。——笼养之：用笼驯养它们。昂其直：抬高它们的价格。直，同“值”。

薄　《左传·僖公三十年》：晋侯使医衍鸩卫侯。甯俞货医，使薄其鸩，不死。——晋侯派名为衍的医生毒死卫侯。甯俞贿赂医生，让他减轻毒酒的分量，所以卫侯没有死。鸩卫侯：用毒酒毒死卫侯。薄其鸩：使那毒酒稀薄。鸩，毒酒。

长　《左传·宣公十三年》：赵庄子曰：“栾伯善哉，实其言，必长晋国。”——赵庄子说：“栾伯好啊！实践他的话，一定能使晋国长久。”

崇　《左传·襄公三十一年》：侨闻文公之为盟主也，宫室卑庳，无观台榭，以崇大诸侯之馆。——侨听说文公做盟主的时候，宫室低小，没有可供观望的台榭，而把接待诸侯的宾馆修得又高又大。侨：郑国大夫子产，名侨。

大　《韩非子·二柄》：故田常上请爵禄而行之群臣，下大斗斛而施于百姓，此简公失德而田常用之也，故简公见弑。——

所以田常向上请求爵禄而赐给群臣，对下加大斗斛把粮食施舍给百姓，这就是齐简公失去恩德而田常则窃用它的原因，所以简公被杀。田常：即田成子，春秋末期齐国大臣。斛：古代量器，十斗为一斛。见弑：被杀。弑，古代称臣杀君、子杀父为弑。

多 《左传·定公六年》：天将多阳虎之罪以毙之，君姑待之。——多阳虎之罪：让阳虎的罪恶增多。姑：姑且，暂且。

繁 贾谊《过秦论中》：（秦二世）繁刑严诛，吏治刻深；赏罚无当，赋敛无度。——繁刑严诛：使刑罚更多，诛杀更严。刻深：刻薄严酷。

高 《左传·襄公三十一年》：是以令吏人完客所馆，高其闬闳，厚其墙垣，以无忧客使。——因此命令吏人修缮好宾客所居住的馆舍，加高大门，加厚墙壁，以不使客人担忧。完、厚、忧：用法同“高”。闬闳：大门和里巷之门。

寡 《论语·宪问》：夫子欲寡其过而未能也。——寡其过：减少他的过错。

广 《战国策·赵策二》：故尊主广地强兵之计，臣得陈忠于前矣。——尊主广地强兵：使主上尊贵，使土地广大，使军队强大。尊、强：用法同“广”。

厚 《荀子·富国》：今之世而不然：厚刀布之敛以夺之财，重田野之税以夺之食，苛关市之征以难其事。——现在这个世界就不是这样。加重货币的聚敛来剥夺百姓的财物，加重土地的赋税来剥夺百姓的衣食，加重关税的征收给百姓制造困难。

缓 《左传·成公八年》：晋士燮来聘，言伐郯也，以其事吴故。公赂之，请缓师。——晋国的士燮前来聘问，通知要攻打郯国，因为它侍奉吴国。成公送给他财礼，请求从缓发兵。赂：财物，此处意为赠送财物。缓师：使军队延缓进兵。

急 《战国策·魏策四》：晋人见楚人之急，带剑而缓之，楚人恶其缓而急之。——缓之：使之迟缓。急之：使之迅疾。

贱　《史记·平准书》：孝景时，上郡以西旱，亦复修卖爵令，而贱其价以招民。——孝景：汉孝景帝。上郡：郡名。贱其价：降低其价格。

竭　《三国志·魏书·高堂隆传》：岂可疲民之力，竭民之财！——怎么能让民力疲惫、民财穷尽呢！

尽　《墨子·非攻中》：然则土地者，所有余也；王民者，所不足也。今尽士民之死，严下上之患，以争虚城，则是弃所不足而重所有余也。——尽士民之死：使士民全都战死。严下上之患：使上下的祸患更加危急。重所有余：使有余的更多。

近　《史记·秦始皇本纪》：贱者贵之，贫者富之，远者近之，则上下集而国安矣。——近之：使他们靠近自己。集：和顺。

久　王安石《上仁宗皇帝言事书》：贤者则其功可以至于成，不肖者则其罪可以至于著。故久其任而待之以考绩之法。——不肖者：不贤者。久其任：使他们任职的时间长一些。考绩：考察政绩。

苛　《荀子·富国》：今之世而不然：厚刀布之敛以夺之财，重田野之税以夺之食，苛关市之征以难其事。——现在这个世界就不是这样。加重货币的聚敛来剥夺百姓的财物，加重土地的赋税来剥夺百姓的衣食，加重关税的征收给百姓制造困难。

宽　《史记·卫将军骠骑列传》：（上）减陇西、北地、上郡戍卒之半，以宽天下之徭。——宽天下之徭：减轻天下的徭役。

廉　《战国策·楚策一》：故彼廉其爵，贫其身，以忧社稷者，令尹子文是也。——廉其爵，贫其身：降低自己的爵位，使其自身清贫。廉，形容词使动用法。

隆　《韩非子·说林下》：君失齐，虽隆薛城至于天，犹无益也。——失齐：失去齐国。隆薛城：使薛城高。

齐 《孟子·告子下》：不揣其本，而齐其末，方寸之木可使高于岑楼。——揣其本：揣度基地的高低是否一致。齐其末：使末端一致。即比较末端的高低。岑楼：高峻之楼。

轻 《孟子·滕文公下》：戴盈之曰："什一，去关市之征，今兹未能，请轻之。"——戴盈之说："农业税十分抽一，免除关卡和集市的税收，今年还办不到，请先减轻一些。"

曲 《说苑·权谋》：客谓主人曰："曲其突，远其积薪；不者，将有火患。"——曲其突：把那个烟囱弄弯曲一些。远其积薪：把堆积的柴薪搬远一些。远，形容词使动用法。

热 《庄子·秋水》：至德者，火弗能热，水弗能溺，寒暑弗能害，禽暑弗能贼。——至德者：有最高道德的人。热(之)：使之感到热。贼：戕贼，伤害。

少 贾谊《过秦论中》：轻赋少事，以佐百姓之急。——轻赋少事：减轻赋税，减少事务。

深 《左传·文公十二年》：请深垒固军以待之。——深垒固军：加高营垒，加固军营。

同 《孟子·滕文公上》：夫物之不齐，物之情也。……子比而同之，是乱天下也。——比：平列。同之：把它们等同起来。

小 《孟子·梁惠王下》：为巨室，则必使工师求大木。工师得大木，则王喜，以为能胜其任也。匠人斫而小之，则王怒，以为不胜其任矣。——斫而小之：砍削使它变小。

异 《史记·五帝本纪》：自黄帝至舜、禹，皆同姓而异其国号。——异其国号：使其国号各不相同。

远 《论语·泰伯》：动容貌，斯远暴慢矣。——使自己的容貌庄重严肃，就可以使粗暴和傲慢远离自己。

重 《左传·僖公十五年》：不图晋忧，重其怒也。——重其怒：加重他们的愤怒。

众　《墨子·尚同中》：今天下之王公大人士君子，请将欲富其国家，众其人民，治其刑政，定其社稷。——请：即“诚”，确实（王念孙说）。富：使……富裕。众：使……众多。定其社稷：使其社稷安定。

3.2.2　方式形容词活用为及物动词，使动用法

平　《荀子·富国》：轻田野之税，平关市之征，省商贾之数，罕兴力役，无夺农时，如是则国富矣。——减轻田地的赋税，公平合理地征收关卡集市的税收，减少商人的数量，少兴劳役，不夺农时，这样国家就富强了。平关市之征：使关市之征公平合理。

信　《三国志·吴书·陆逊传》：省息众务，信其赏罚，虽韩、白复生，无所展巧。——信其赏罚：使赏罚守信用，即该赏的赏，该罚的罚，说到做到。韩、白：韩信、白起。

严　《韩非子·五蠹》：故明王峭其法而严其刑也。——峭其法而严其刑：使其刑法严峻。

政（正）　《荀子·王制》：王者之法，等赋，政事，财万物，所以养万民也。——等赋：使赋税有等级的差别；按等级征收赋税。政事：使民事公正；处理好民事。政，同“正”，公正，平正。财万物：裁制万物，利用万物。财，同“裁”。

3.2.3　性质形容词活用为及物动词，使动用法

白　《荀子·君道》：然而用之者，夫文王欲立贵道，欲白贵名，以惠天下。——白贵名：使尊贵的名声显赫。惠天下：使天下人得到恩惠。

暴　柳宗元《封建论》：亟役万人，暴其威刑，竭其货贿。——亟役万人：多次使万人服劳役。暴其威刑：使其威刑残暴。

备 《荀子·天论》：圣人清其天君，正其天官，备其天养，顺其天政，养其天情，以全其天功；如是，则知其所为，知其所不为矣。——圣人要使自己的天君清明，要使自己的天官端正，要使自己的天养完备、充实，要顺应自己的天政，涵养自己的天情，以便成全自己的天功。能够做到这样，就会知道自己应该做什么，不应该做什么了。

敝 《战国策·楚策一》：是以嬖女不敝席，宠臣不敝轩。——敝席：使席子破旧。敝轩：使车子破旧。（注：皆言受宠的时日短暂。）

便 《史记·赵世家》：夫服者，所以便用也。礼者，所以便事也。——便用：使物用便利。便事：使事业便利。

辩 《韩非子·外储说左上》：墨子之说，传先王之道，论圣人之言以宣告人，若辩其辞，则恐人怀其文而忘其直，以害用也。——墨子的学说传先王之道，阐述圣人之言来向人做宣传，如果让自己的言辞华丽动听，就担心人们只记住他那文辞，忘却了它的价值，因文辞而妨碍了应用。直：同“值”，价值。

博 《论语·子罕》：夫子循循然善诱人，博我以文，约我以礼，欲罢不能。——老师（孔子）善于有步骤地诱导我们，用各种文献来丰富我的知识，又用一定的礼节来约束我的行为，使我想停止学习都不可能。博我：使我的知识丰富。

常 《韩非子·解老》：日月得之以恒其光，五常得之以常其位，列星得之以端其行。——恒其光：使它们的光芒永恒存在。五常：五行，即金、木、水、火、土。常其位：使它们的位置恒久稳定。端其行：使它们的运行平稳。

诚 《孟子·离娄上》：诚身有道：不明乎善，不诚其身矣。——要使自己诚心诚意有它的方法，（首先要明白什么是善）若是不明白什么是善，也就不能使自己诚心诚意了。身：自身，自己。

崇　《论语·颜渊》：主忠信，徙义，崇德也。——以忠诚信实为主，向义靠拢，这就可以提高品德。

达　《论语·雍也》：夫仁者，己欲立而立人，己欲达而达人。——所谓仁，就是自己站得住，也要使别人站得住；自己通达，也要使别人通达。

大　柳宗元《蝜蝂传》：苟能起，又不艾，日思高其位，大其禄。——苟：如果。艾：停止，悔改。日：每日。高其位：使其地位升高。大其禄：使其俸禄丰厚。

笃　《礼记·礼运》：礼义以为纪，以正君臣，以笃父子，以睦兄弟，以和夫妇。——礼义以为纪：以礼义为纲纪。正君臣：使君臣关系正常。笃父子：使父子关系纯厚。睦兄弟、和夫妇：使兄弟和睦，使夫妇和谐。正、睦、和：用法同“笃”。

敦　《三国志·魏书·杨阜传》：百工不敦其器，而竟作奇巧，以合上欲，此伤本之甚者也。——敦其器：使他们的器物敦固。

丰　《战国策·楚策一》：故彼崇其爵，丰其禄，以忧社稷者，叶公子高是也。——崇其爵：使他的爵位很高。丰其禄：使他的俸禄很丰厚。叶公子高：人名，楚国大夫。

阜　《史记·周本纪》：先王之于民也，茂正其德而厚其性，阜其财求而利其器用。——先王对于百姓，（总是设法）使他们品德美好端正，情性纯厚，使他们财物盛多，物用便利。茂、厚、利：用法同“阜”。

干　《淮南子·说山训》：上求鱼，臣干谷。——干谷：使溪谷干涸。

固　《左传·文公十二年》：秦不能久，请深垒固军以待之。——深垒固军：挖深垒沟，加固军营。

和　《史记·乐书》：是故君子反情以和其志，比类以成其行。——反情：本情，保存自然天性。和其志：使自己的心意谐和。

涸 《淮南子·主术训》：不涸泽而渔，不焚林而猎。——涸泽：使湖沼水干涸；把湖沼里的水弄干。

厚 《左传·襄公三十一年》：晋侯见郑伯有加礼，厚其宴好而归之。——厚其宴好：使对郑伯的款待丰厚，使晋郑的友好关系加深。归之：使之归，送他们回去。

缓 《韩非子·观行》：西门豹之性急，故佩韦以缓己。——西门豹性子急，所以佩带柔韧的皮带使自己从容沉着。

坚 《韩非子·五蠹》：坚甲厉兵以备难，而美荐绅之饰。——坚甲：把皮甲搞坚固。厉兵：磨砺兵器。美：形容词意动用法。

俭 《三国志·魏书·王朗传》：昔大禹将欲拯天下之患，故乃先卑其宫室，俭其衣食。——卑其宫室：使自己的宫室低矮。俭其衣食：使自己的衣食俭朴。

洁 《论语·微子》：长幼之节，不可废也；君臣之义，如之何其废之？欲洁其身，而乱大伦。——长幼之间的礼节，是不可能废弃的；君臣之间的恩义，怎么能废弃呢？你原想保持自身的纯洁，却搞乱了君臣之间的大伦。大伦：宋代朱熹说："伦，序也。人之大伦有五：父子有亲，君臣有义，夫妇有别，长幼有序，朋友有信。"这里指君臣之义。

精 《墨子·尚贤中》：此言三圣人者，谨其言，慎其行，精其思虑。——这是说三位圣人（指伯夷、禹、稷三人），能使自己的言行谨慎，使自己的思虑专一。

利 《论语·卫灵公》：工欲善其事，必先利其器。——工匠要想搞好他的工作，一定先要使他们的工具便利。善其事：使其事完善。

美 《左传·襄公十五年》：子有令闻，而美其室，非所望也！——你有好名声，但是把你的屋子修饰得太漂亮，这不是别人所希望的。

明　《荀子·致士》：夫耀蝉者务在明其火、振其树而已，火不明，虽振其树，无益也。今人主有能明其德者，则天下归之若蝉之归明火也。——耀蝉：夜晚用火照蝉，蝉见光后就投火而来，这是一种捕蝉的方法。耀，照。明其火：使其火光明亮。振：摇动。明其德：显示出他的美德。明火：明亮的火光。

明　《战国策·赵策四》：故王不如勿逐，以明王之贤。——以明王之贤：用来显示大王的贤明。

谬　王安石《游褒禅山记》：后世之谬其传而莫能名者，何可胜道也哉！——谬其传：让那些传说谬误。

宁　《三国志·魏书·王朗传》：安国宁主，其术焉在？——安国宁主：使国家安定，使君主平安。焉在：在哪里。焉，疑问代词做宾语。

憔悴　王安石《度支副使厅壁题名记》：虽欲食蔬衣敝，憔悴其身，愁思其心，以幸天下之给足而安吾政，吾知其犹不得也。——衣敝：穿破衣。敝，破衣服。憔悴其身：使他的身体憔悴。其，这里指代天子。愁思其心：使其心忧愁思虑。安吾政：使自己的政权安定。

清　《荀子·天论》：圣人清其天君，正其天官。——圣人要使自己的天君清明，使自己的天官端正。

忍　《孟子·告子下》：所以动心忍性，曾益其所不能。——动心：使心惊动（而警惕）。忍性：使性格坚强。忍，坚忍，坚强。曾：同“增”。其所不能：他们不能达到的方面。

荣　曹植《求自试表》：如微才弗试，没世无闻，徒荣其驱而丰其体。——徒荣其驱而丰其体：徒然让自己的躯体旺盛丰满。

锐　《史记·绛侯周勃世家》：已而之细柳军，军士被甲，锐兵刃。——细柳：在今咸阳市西南渭河北岸。当时周亚夫统兵驻扎于此。锐兵刃：使兵刃锐利，即把兵刃磨锋利。

善 《论语 · 卫灵公》：工欲善其事，必先利其器。——善其事：使其工作完美。利其器：使其器具便利。

盛 《韩非子 · 五蠹》：是故乱国之俗，其学者称先王之道以籍仁义，盛容服而饰辩说，以疑当世之法，而贰人主之心。——籍仁义：凭借仁义（进行说教）。盛容服：使容貌服饰繁盛。饰辩说：修饰辞令。疑：惑乱，使动用法。贰人主之心：使人主之心不专一。

盛 《三国志 · 魏书 · 高堂隆传》：盛林莽之秽，丰鹿兔之薮。——使森林草原的草木茂盛，使禽兽出没的草泽丰茂。

顺 《三国志 · 魏书 · 陈思王曹植传》：夫明贵贱，崇亲亲，礼贤良，顺少长，国之纲纪。——让贵贱分明，让亲戚显贵，对贤良之士以礼相待，使年纪小的和年纪大的关系和顺，这是治理国家的大纲要领。亲亲：亲戚。

通 《水经注 · 河水》：昔禹治洪水，山陵当水者凿之，故破山以通河。——通河：使黄河畅通。

轻 《史记 · 陈涉世家》：客出入愈益发舒，言陈王故情。或说陈王曰："客愚无知，颛妄言，轻威。"陈王斩之。——发舒：放肆。故情：过去的事情。颛：同"专"。轻威：降低（大王的）威信。

完 《庄子 · 让王》：帝王之功，……非所以完身养生也。——完身：保持身体完整。

信 《史记 · 夏本纪》：信其道德，谋明辅和。——信其道德：使道德笃信。

朽 《墨子 · 节葬下》：楚之南有炎人国者，其亲戚死，朽其肉而弃之，然后埋其骨，乃成为孝子。——亲戚：父母。朽其肉：让其肉腐烂。

殷 扬雄《法言 · 孝至》：君人者，务在殷民阜财。——殷民阜财：使百姓富裕，使财物富足。

愚 贾谊《过秦论上》：于是废先王之道，焚百家之言，以愚黔首。——愚黔首：使老百姓愚昧。黔首，秦时统治者对百姓的称呼。黔，黑色。

彰 《史记·鲁周公世家》：今天动威以彰周公之德，惟朕小子其迎。——彰周公之德：使周公的恩德彰明。

昭 《左传·襄公二十八年》：是故作坛以昭其功，宣告后人，无怠于德。——昭其功：使其功德昭著。

正 《论语·子路》：必也正名乎！——必也正名乎：一定要使名分正当。

足 《战国策·秦策三》：君之为主，正乱、批患、折难，广地殖谷，富国、足家、强主，威盖海内，功章万里之外，不过商君、吴起、大夫种。——君：这里是蔡泽对应侯的称呼。主：国君，指秦昭王。正乱：拨乱反正。批患、折难：排除患难。广地：使国土广大。殖谷：使谷物繁殖。足家：使家丰足。强主：使国君威强。章：同“彰”，显著。

尊 《战国策·赵策四》：今媪尊长安君之位，而封之以膏腴之地。——尊长安君之位：使长安君地位尊崇。

3.2.4 情境形容词活用为及物动词，使动用法

安 《论语·宪问》：修己以安百姓。——修养自己使百姓安乐。

安 《史记·高祖本纪》：周勃重厚少文，然安刘氏者必勃也。——安刘氏：使刘氏天下安定。

败 《孟子·离娄上》：不仁而可与言，则何亡国败家之有？——不仁的人如果还可以同他商议，那怎么会发生亡国败家的事情呢？亡国败家：使国家败亡。

卑 《韩非子·有度》：卑主之名以显其身，毁国之厚以利

其家。——卑主之名：使君主的名声低微。显其身：使其自身显要。

敝 《史记·平津侯主父列传》：夫上虚府库，下敝百姓，甘心于外国，非完事也。——虚府库：使府库空虚。敝百姓：使百姓破敝。

弊 《战国策·齐策一》：夫救邯郸，军于其郊，是赵不拔而魏全也，故不如南攻襄陵以弊魏。——弊魏：使魏国疲困。

定 《墨子·尚同中》：今天下之王公大人士君子，请将欲富其国家，众其人民，治其刑政，定其社稷。——请：即“诚”，确实（王念孙说）。富：使……富裕。众：使……众多。定其社稷：使其社稷安定。

恶 《左传·昭公二十六年》：子西怒曰：“是乱国而恶君王也。”——子西发怒说：“这是搞乱国家，使国君丢丑啊。”

乏 《盐铁论·本议》：今议者欲罢之，内空府库之藏，外乏执备之用，使备塞乘城之士饥寒于边，将何以赡之？——罢：停止。之：此处指代盐铁、酒类由国家专卖的做法。内空府库之藏，外乏执备之用：对内使府库的储备空虚，对外使防备资用不足。备塞乘城：防边守城。乘，登。赡：供给。

肥 《左传·襄公二十九年》：何必瘠鲁以肥杞？——何必削弱鲁国以增强杞国呢？

丰 《左传·哀公元年》：今吴不如过，而越大于少康，或将丰之，不亦难乎？——现在吴国比不上过国，而越国强于少康，（上天）也许将会使越国壮大，（如果允许媾和）不也是太难了吗？过：古国名，为少康（人名）所灭。

富 《论语·子路》：冉有曰：“既庶矣，又何加焉？”（孔子）曰：“富之。”——冉有说：“人口已经很多了，又该做些什么呢？”（孔子）说：“使他们富裕起来。”冉有：孔子的学生。庶：众多。

高　《国语·楚语下》：吾闻之，唯仁者可好也，可恶也，可高也，可下也。好之不逼，恶之不怨，高之不骄，下之不惧。不仁者则不然。人好之则逼，恶之则怨，高之则骄，下之则惧。——可高：后面省略了宾语“之”。高之：使之高贵。好之不逼，恶之不怨：对他好他并不亲近你，对他不好他也不怨恨你。逼，逼近，亲近。下之：使之低下。

孤　《史记·田敬仲完世家》：秦兵不用而得三川；伐楚韩以窘魏，魏氏不敢东，是孤齐也。——窘魏：使魏国困窘。孤齐：使齐国孤立。

固　《孟子·公孙丑下》：域民不以封疆之界，固国不以山溪之险，威天下不以兵革之利。——域：疆域，此处意义为“以疆界限制”。固国：使国防坚固。威：威慑。兵革：兵器和甲胄，此指武力。

广　《三国志·魏书·高柔传》：圣王之御世，莫不以广农为务，俭用为资。夫农广则谷积，用俭则财畜。——御：驾驭，治理。广农：扩大农业生产。务：事务。畜：同“蓄”，积蓄。

贵　《孟子·告子上》：赵孟之所贵，赵孟能贱之。——赵孟使之尊贵的人，赵孟也能使他低贱。

和　《左传·隐公四年》：州吁未能和其民。——州吁没有能够使他的老百姓安定、团结。

恒　《韩非子·解老》：日月得之以恒其光，五常得之以常其位，列星得之以端其行。——恒其光：使它们的光芒永恒存在。五常：五行，即金、木、水、火、土。常其位：使它们的位置恒久稳定。端其行：使它们的运行平稳。

宏　《三国志·魏书·华歆传》：大魏承天受命，陛下以圣德当成康之隆，宜宏一代之治，绍三王之迹。——成康之隆：周成王、周康王的功业隆盛。宏一代之治：使一代的文治光大。绍：继承。三王：谓夏、商、周三代开国之君，即夏禹、商汤、周文王。

坏 《左传·襄公三十一年》：子产使尽坏其馆之垣而纳车马焉。——坏其馆之垣：把他们那个宾馆的围墙都打坏。

坚 《战国策·赵策四》：秦坚燕赵之交以伐齐。——坚燕赵之交：巩固同燕国、赵国的关系。

贱 《墨子·尚贤中》：不肖者抑而废之，贫而贱之，以为徒役。——不称职的人把他们撤免掉，使他们贫穷卑贱，成为奴隶。不肖者：没有才能的人，这里指不称职的人。抑：抑制。贫、贱：都是使动用法。徒役：指受人役使的奴隶。

焦 《荀子·富国》：既以伐其本，竭其原，而焦天下矣。——既然已破坏了根本，断绝了源泉，因而使整个天下的财物都枯竭了。以：同“已”。本：根本，指农业生产。原：同“源”。

劲 《战国策·秦策一》：楚攻魏，张仪谓秦王曰：“不如与魏以劲之。”——不如与魏以劲之：不如援助魏国增强它的兵力（抵御楚国）。与，援助。

静 《三国志·魏书·三少帝纪》：昔圣帝明王，静乱济世。——静乱济世：使动乱安定下来救助天下。

均 《史记·夏本纪》：（禹）命后稷予众庶难得之食。食少，调有余相给，以均诸侯。——后稷：周的祖先，为舜农官。众庶：庶民，百姓。以均诸侯：用来使诸侯之食平均。

康 《后汉书·百官志》：程是师徒，宁民康国。——程：规定名额，设置。师徒：此处指官员。宁民康国：使人民安宁，使国家安定。

空 《史记·仲尼弟子列传》：吴王大说，以告子贡曰：“越王欲身从寡人伐齐，可乎？”子贡曰：“不可。夫空人之国，悉人之众，又从其君，不义。”——身：亲自。空人之国，悉人之众，又从其君：让人家国家空虚，让人家的士卒全部出动，又让他们的君王跟从。

隆　《史记·礼书》：故礼，上事天，下事地，尊先祖而隆君师，是礼之三本也。——尊先祖：使先祖尊荣。隆君师：使君师崇高。

乱　《史记·燕召公世家》：苏秦与燕文公夫人私通，惧诛，乃说王使齐为反间，欲以乱齐。——乱齐：使齐国混乱。

美　《荀子·儒效》：儒者在本朝则美政，在下位则美俗。——儒者在朝廷上当官会使朝政完美，在下当百姓会使风俗完美。

明　《左传·隐公五年》：昭文章，明贵贱，辨等列，顺少长，习威仪也。——要使文采鲜华，贵贱分明，等级不乱，少长有序，这是讲习威仪。

宁　《三国志·魏书·武帝纪》：君又翦之以宁东夏，此又君之功也。——翦：消灭。宁东夏：使东夏安定。东夏，中国的东部。

罢　《战国策·西周》：是天下欲罢秦，故劝王攻周。——罢秦：使秦国疲弱。罢，同“疲”。

贫　《战国策·楚策一》：故彼廉其爵，贫其身，以忧社稷者，令尹子文是也。——廉其爵，贫其身：降低自己的爵位，使其自身清贫。廉，形容词使动用法。

平　《吕氏春秋·察传》：夔能和之，以平天下。——夔能调和音乐，以使天下安定。夔：人名，相传为舜的掌管音乐的官。之：指音乐。

破敝　《史记·苏秦列传》：（苏秦）说湣王厚葬以明孝，高宫室大苑囿以明得意，欲破敝齐而为燕。——高宫室大苑囿：筑高宫室扩大苑圃。破敝齐：使齐国破敝。

齐　《荀子·非十二子》：齐言行，壹统类，而群天下之英杰，而告之以大古，教之以至顺。——齐言行：使人们的言行一致。壹统类：统一大纲细类。统，大纲。类，小类，细目。群天下之英杰：使天下的英杰会合起来。大古：指古代帝王的业绩。至顺：至理，最高的道理。

强 《韩非子·奸劫弑臣》：此管仲之所以治齐，而商君之所以强秦也。——治齐：使齐国安定。治，安定，形容词使动用法。强秦：使秦国强大。

勤 《左传·僖公三十三年》：秦违蹇叔，而以贪勤民，天奉我也。——以贪勤民：因为贪婪而使人民勤苦。

清 《三国志·魏书·刘放传》：（曹公）奉辞伐罪，所向必克。以二袁之强，守则淮南冰消，战则官渡大败，乘胜席卷，将清河朔。——冰消：像冰（遇火）一样消解。清河朔：使河朔清平。河朔，黄河以北地区。

全 《孙子·谋攻》：凡用兵之法，全国为上，破国次之。——全国为上：使敌国完整地投降是上策。

弱 《左传·昭公四年》：无或如齐庆封，弑其君，弱其孤，以盟大夫。——不要像齐国的庆封那样，杀死他的国君，削弱国君遗孤的权势，来和他的大夫会盟。弱其孤：使国君遗孤的权势衰弱。

实 《墨子·尚贤中》：贤者之长官也，夜寝夙兴，收敛关市、山林、泽梁之利，以实官府，是以官府实而财不散。——长官：主持官府。夜寝夙兴：晚睡早起。夙，早晨。收敛：收取，征收。利：财利。以实官府：以便使官府充实。

同 《国语·周语上》：国之将兴，其君齐明、衷正、精洁、惠和，其德足以昭其馨香，其惠足以同其民人。——昭其馨香：使（祭品的）芳香之味更加显著（以便让神享用）。同其民人：使人民一致，同一。

完 《史记·范雎蔡泽列传》：子胥智而不能完吴。——伍子胥虽然有智慧，但也不能使吴国完好。

危　《战国策·秦策三》：诗曰：木实繁者披其枝，披其枝者伤其心。大其都者危其国，尊其臣者卑其主。——木实：树木的果实。披：分开、裂开、折裂。大其都：使其都城扩大。危其国：使其国危险。尊其臣：使其臣尊荣。卑其主：使其君主地位衰微。

显　《孟子·万章上》：（百里奚）相秦而显其君于天下，可传于后世，不贤而能之乎？——显其君于天下：使秦穆公显赫于天下。

新　《孟子·滕文公上》：子力行之，亦以新子之国。——你努力实行吧，也来使你的国家气象一新。

兴　《论语·子路》：定公问："一言可以兴邦，有诸?"——鲁定公问："一句话可以使国家兴盛，有这事吗?"诸：之乎。

虚　《墨子·七患》：虚其府库，以备车马、衣裘、奇怪。——虚其府库：使其府库空虚。奇怪：稀奇的珍物。

严　《韩非子·五蠹》：使周、卫缓其从衡之计，而严其境内之治，……此必不亡之术也。——假使周、卫两国将合纵或连横的计划延缓执行，使国内政治更加严明，这是必定不会灭亡的办法。

壹　《荀子·富国》：故先王明礼义以壹之，致忠信以爱之，尚贤使能以次之。——壹之：使百姓齐心协力。

整　《庄子·马蹄》：及至伯乐，曰："我善治马。"……饥之，渴之，驰之，骤之，整之，齐之，前有橛饰之患，而后有鞭策之威，而马之死者已过半矣。——待到伯乐，便说："我最会盘马。"……又让它们挨饥受渴，让它们狂奔迅跑，使它们的步伐整齐划一；前头有勒口镳缨之类的祸害，后头有皮鞭竹策的威胁。这样，死去的马已经过半数了。

尊　《史记·袁盎晁错列传》：夫晁错患诸侯强大不可制，

故请削地以尊京师，万世之利也。——尊京师：使京师尊崇。京师，此指代王室，即中央统治集团。

3.2.5 态度形容词活用为及物动词，使动用法

怠 《左传·桓公八年》：楚子伐随，军于汉、淮之间。季梁请下之，弗许而后战，所以怒我而怠寇也。——楚王去讨伐随国，军队驻扎在汉水、淮水之间。季梁建议向楚国表示投降，等到楚国不同意，然后作战，这样就可以激怒我军，同时使敌军懈怠。怒：形容词使动用法。

骄 《孙子·计》：兵者，诡道也。……怒而挠之，卑而骄之。——作战是一种诡诈的方法。……敌人暴躁易怒就扰乱他们，敌人卑怯就让他们傲慢。

谨 《墨子·尚贤中》：此言三圣人者，谨其言，慎其行，精其思虑。——这是说三位圣人（指伯夷、禹、稷三人），能使自己的言行谨慎，使自己的思虑专一。

睦 《礼记·礼运》：礼义以为纪，以正君臣，以笃父子，以睦兄弟，以和夫妇。——礼义以为纪：以礼义为纲纪。正君臣：使君臣关系正常。笃父子：使父子关系纯厚。睦兄弟、和夫妇：使兄弟和睦，使夫妇和谐。正、睦、和：用法同“笃”。

怒 《左传·宣公十三年》：若二子怒楚，楚人乘我，丧师无日矣。——如果这两个人激怒楚国，楚国人钻我们的空子，立刻就会丧失军队。二子：指晋人魏锜、赵旃。

轻 《孟子·梁惠王下》：何哉，君所为轻身以先于匹夫者？——您所做的降低身份先去拜访一个普通人这件事，为的什么呢？

信 韩愈《原道》：为之符玺、斗斛、权衡以信之。——（圣人）为人们制造了符玺、斗斛、权衡以使他们诚信。

3.2.6　感觉形容词活用为及物动词，使动用法

饱　《墨子·鲁问》：当一农之耕，分诸天下，不能得一升粟。籍而以为得一升粟，其不能饱天下之饥者，既可睹矣。——诸：之于。饱天下之饥者：使天下受饥饿的人吃饱。

惫　曾巩《越州赵公救灾记》：公于此时，蚤夜惫心力不少懈，事细巨必躬亲。——蚤：同“早”。惫心力：使心力疲惫。少：稍微。

便　《史记·鲁周公世家》：于是周公作《周官》，官别其宜；作《立政》，以便百姓，百姓说。——便百姓：使百姓便利。说：同“悦”。

耻　《左传·昭公五年》：耻匹夫不可以无备，况耻国乎？是以圣王务行礼，不求耻人。——使一个普通人蒙受了耻辱还不能不做防备，何况使一个国家蒙受了耻辱呢？因此圣王致力于推行礼义，不想让别人蒙受耻辱。

饿　《孟子·告子下》：必先苦其心志，劳其筋骨，饿其体肤，空乏其身。——定要使他的心意受苦，使他的筋骨受劳累，使他的身体受饥饿，使他的身子空虚疲乏。苦、劳、空：用法同“饿”。

贰　《韩非子·五蠹》：是故乱国之俗，其学者称先王之道以籍仁义，盛容服而饰辩说，以疑当世之法，而贰人主之心。——籍仁义：凭借仁义（进行说教）。盛容服：使容貌服饰繁盛。饰辩说：修饰辞令。疑：惑乱，使动用法。贰人主之心：使人主之心不专一。

烦　《战国策·秦策一》：当此之时，天下之大，万民之众，王侯之威，谋臣之权，皆欲决苏秦之策。不费斗粮，未烦一兵，未战一士，未绝一弦，未折一矢，诸侯相亲，贤于兄弟。——决苏秦之策：由苏秦之策略所决定。未烦一兵：没有使

一个士兵烦苦。未战一士：没有使一个士兵作战。战，动词使动用法。

甘 《韩非子·扬权》：夫香美脆味，厚酒肥肉，甘口而疾形。——美好香脆的味道，醇酒肥肉，使人口中甘美，却能使人得病。疾：生病。形：形体，身体。

苟 柳宗元《封建论》：守宰者，苟其心，思迁其秩而已。——守宰：指地方官吏。苟其心：让自己的心里马虎苟且。迁：升迁。秩：官的品级。

固 《史记·留侯世家》：（张）良因说汉王曰："王何不烧绝所过栈道，示天下无还心，以固项王意？"——固项王意：让项王心中安稳。

广 司马迁《报任安书》：适会召问，即以此指，推言陵之功，欲以广主上之意。——适：恰好。会：赶上，遇上。以此指：按这个意思。指，同"旨"，旨意。推言：推论，论说。陵：指李陵，西汉名将李广之孙。广主上之意：使主上的心怀宽广。

寒 《孟子·告子上》：虽有天下易生之物也，一日暴之，十日寒之，未有能生者也。——即使有一种最容易生长的植物，晒它一天，冷它十天，也没有能够再长的。寒之：使之受冷。

和 《墨子·节用下》：故圣人之为衣服，适身体，和肌肤而足矣。——适身体：使身体舒适。和肌肤：使肌肤和顺、舒适。

饥 《孟子·离娄下》：稷思天下有饥者，由己饥之也。——稷心想天下还有挨饿的人，好像自己使他们挨饿一样。稷：本为虞舜时农官名，当时由周的始祖弃担任，所以也称弃为稷。由：同"犹"，好像。

焦 《史记·越王勾践世家》：越王勾践反国，乃苦身焦思，置胆于坐，坐卧即仰胆，饮食亦尝胆也。——反：同

“返”。苦身焦思：让身体勤苦、心智焦忧。

惊　《左传·隐公元年》：庄公寤生，惊姜氏，故名曰“寤生”，遂恶之。——庄公是脚先头后生出来的，使姜氏感到惊恐，所以取名叫“寤生”，并因此讨厌他。寤生：胎儿脚先出来，等于说难产。寤，同“牾”，逆，倒着。姜氏：庄公之母。

惊惧　《史记·司马相如列传》：今闻其乃发军兴制，惊惧子弟，忧患长老，……皆非陛下之意也。——惊惧子弟，忧患长老：使后辈年轻人惊慌害怕，使长辈年纪大的人担忧。

静　《荀子·王制》：马骇舆，则莫如静之。——马如果惊车，就不如使它安静下来。

窘　《战国策·韩策三》：秦楚挟韩以窘魏，魏氏不敢东。——窘魏：使魏国困窘。东：向东。

苦　《墨子·七患》：当今之主，……苦其役徒，以治宫室观乐。——现在的君主，……使那些役卒奴隶劳苦，去建造宫室和观赏游乐的场所。观乐：观赏游乐，指观乐之所。

快　《左传·襄公二十八年》：君其往也！送葬而归，以快楚心。——快楚心：让楚国人心里愉快。

困　《左传·襄公二十二年》：子三困我于朝，吾惧，不敢不见。——您在朝廷上三次让我受窘，我害怕，不敢不来见您。

劳　《孙子·计》：佚而劳之，亲而离之。——敌人安逸，（就要设法）使之疲劳，敌人内部团结，（就要设法）离间他们。

老　《左传·襄公八年》：完守以老楚，杖信以待晋，不亦可乎？——整治守备以使楚军疲惫，依靠信用以等待晋军，不也是可以吗？

乐　《墨子·兼爱下》：禹之征有苗也，非以求重富贵，干福禄，乐耳目也。——有苗：即苗人。重富贵：加重富贵。干：求。乐耳目：使耳目愉快。

乱　《资治通鉴·晋孝武帝太元七年》：今众言纷纷，徒乱人意，吾当与汝决之。——乱人意：使人心意纷乱。

明 《韩非子·外储说右上》：夫国亦有狗。有道之士，怀其术，而欲以明万乘之主，大臣为猛狗，迎而龁之。——明万乘之主：使大国之君明白。龁：咬。

难 《战国策·齐策四》：（秦）昭王笑而曰："寡人地数千里，犹未敢以有难也！今孟尝君之地方百里，而因欲难寡人，犹可乎？"——以有难：以有难之。"难"后省略了宾语"之"，泛指其他人。有，富有，此指国土辽阔。因：凭借，后面省略了介词宾语"之"，指百里见方的土地。难寡人：使我为难。

罢 《左传·昭公十六年》：罢民而无功，罪及而弗知，侨之耻也。——使百姓疲惫而没有功劳，罪过来到却还不知道，这是我的耻辱。罢：同"疲"。侨：郑国大夫，名侨，字子产。这里是自称。

疲 《三国志·魏书·高堂隆传》：岂可疲民之力，竭民之财！——怎么能让民力疲惫、民财穷尽呢！

戚 《史记·鲁周公世家》：武王有疾，不豫，群臣惧，太公、召公乃缪卜。周公曰："未可以戚我先王。"——不豫：不舒服。缪：同"穆"，虔诚，庄重。卜：占卜。戚我先王：使先王忧愁。

穷 《荀子·非十二子》：高上尊贵不以骄人，聪明圣智不以穷人。——自己高尚尊贵不对人傲慢，自己聪明圣智不让人难堪。

荣 《荀子·君道》：善显设人者，人乐之；善藩饰人者，人荣之。——善于显扬人民的，人民就喜欢他；善于打扮人民的，人民就让他光荣。

适 《墨子·节用下》：故圣人之为衣服，适身体，和肌肤而足矣。——适身体：使身体舒适。和肌肤：使肌肤和顺、舒适。

痛　柳宗元《封建论》：告之以直而不改，必痛之而后畏。——痛之：使之疼痛，即用刑罚惩罚他。

喜　《国语·吴语》：王不如设戎，约辞行成，以喜其民，以广侈吴王之心。——大王不如陈兵自守，用卑下的词语（向吴国）求和，以使吴国人欢喜，使吴王心意自大。

羞　《史记·魏世家》：兵三折于外，太子虏，上将死，国以空虚，以羞先君宗庙社稷。——羞先君宗庙社稷：使先君宗庙社稷羞耻。

疑　《韩非子·五蠹》：是故乱国之俗，其学者称先王之道以籍仁义，盛容服而饰辩说，以疑当世之法，而贰人主之心。——籍仁义：凭借仁义（进行说教）。盛容服：使容貌服饰繁盛。饰辩说：修饰辞令。疑当世之法：使当世之法惑乱。贰人主之心：使人主之心不专一。

易　《墨子·亲士》：是故君子自难而易彼，众人自易而难彼。——所以君子让自己困难一些，而使别人便易，而一般人让自己容易一些，使他人困难一些。难：形容词使动用法。

忧患　《史记·司马相如列传》：今闻其乃发军兴制，惊惧子弟，忧患长老，……皆非陛下之意也。——惊惧子弟，忧患长老：使后辈年轻人惊慌害怕，使长辈年纪大的人担忧。

娱　《韩非子·孤愤》：昔者郑武公欲伐胡，故先以其女妻胡君，以娱其意。——娱其意：使他的心意愉悦。

悦　《孟子·告子上》：故理义之悦我心，犹刍豢之悦我口。——所以，理义使我高兴，正如牛羊猪狗的肉使我的嘴快活一样。刍豢：吃草的家畜叫刍，例如牛羊；吃谷的家畜叫豢，例如猪狗。

说　《韩非子·扬权》：曼理皓齿，说情而捐精。——女人的美貌令人情性愉悦，却有损于精气。曼理皓齿：形容女人的美貌。曼理，细腻的皮肤。皓齿，洁白的牙齿。说：同“悦”。

足 《左传·襄公二十六年》：夫小人之性，衅于勇，啬于祸，以足其性而求名焉者。——小人的本性，敢于钻空子，喜欢祸乱，以使他的本性得到满足而追求虚名。

3.3 形容词活用为及物动词，意动用法

3.3.1 度量形容词活用为及物动词，意动用法

白 《孟子·告子上》：彼长而我长之，非有长于我也；犹彼白而我白之，从其白于外也，故谓之外也。——因为他年纪大，我便认为他是年纪大的，认为他年长之心不是我所预有的；正好比外物是白的，我便认为它是白色之物，这是由于外物的白而我加以认识的缘故，所以说是外在的东西。

迟 《史记·刺客列传》：顷之，未发，太子迟之。——顷之：一会儿，不多久。太子迟之：太子丹认为（荆轲他们）动身太慢。

大 《庄子·秋水》：河伯曰："然则我大天地而小豪末，可乎?"——河神说："既然这样，我便认为天地大，认为毫末小，可以吗?"豪：同"毫"。

多 《史记·老子韩非列传》：径省其辞，则不知而屈之；泛滥博文，则多而久之。——如果说者说话直接简略，那么君主就以为他不聪明，认为他拙笨；如果说话广博无边，那么君主就觉得他说得太多太长。径：直截了当。省：简单。不知：不聪明。知，同"智"。屈：同"拙"，笨。按《韩非子·说难》原文作"径省其说，则以为不智而拙之；米盐博辩，则以为多而久之"。

非 《墨子·尚同上》：上之所是，必皆是之；所非，必皆非之。——上头认为对的东西，（下面）必定都认为是对的；上

面认为错的东西，（下面）必定都认为是错的。

久　《韩非子·说难》：径省其说，则以为不智而拙之；米盐博辩，则以为多而久之。——进说者的话直截了当，君主就以为他不聪明，觉得他笨拙；进说者具体细致地广博谈论，君主就以为他废话连篇，嫌他说得太长。径：直接。米盐：形容具体细致。

老　《汉书·赵充国传》：时充国年七十余，上老之。——老之：认为他年老了。

谬　《史记·李斯列传》：始皇下其议丞相。丞相谬其说，绌其辞。——谬其说：认为他的说法是错误的。绌其辞：认为他的话理由不足。绌，欠缺，不足，形容词意动用法。

轻　《韩非子·观行》：故乌获轻千钧而重其身，非其身重于千钧也，势不便也。——所以乌获认为千钧很轻而自身很重，这并不是自己的身体重于千钧，而是形势不便的缘故。乌获：战国秦武王时的大力士。

然　《史记·李斯列传》：二世然（赵）高之言，乃更为法律。——二世：秦二世胡亥。然高之言：认为赵高的话正确。

少　《史记·滑稽列传》：齐王使淳于髡之赵请救兵，赍金百斤，车马十驷。淳于髡仰天大笑，冠缨索绝。王曰："先生少之乎?"——淳于髡：人名。之赵：到赵国去。赍：送给。先生少之乎：您认为这些东西太少了吗?

少　《史记·李斯列传》：二世怒曰："吾常多闲日，丞相不来。吾方燕私，丞相辄来请事。丞相岂少我哉? 且固我哉?"——少我：认为我幼小。固我：认为我固陋。

是　《韩非子·显学》：夫是墨子之俭，将非孔子之侈也；是孔子之孝，将非墨子之戾也。——肯定了墨子的节俭，就否定了孔子的奢侈；肯定了孔子的孝道，就否定了墨子的不孝。戾：乖戾，违反人情。这里指不孝。

小　《孟子·尽心上》：孔子登东山而小鲁，登泰山而小天下。——孔子登上了东山，便觉得鲁国小了；登上了泰山，便觉得天下也不大了。东山：即蒙山，在今山东省蒙阴县南。

新 《墨子·耕柱》：善为政者，远者近之，而旧者新之。——善于治理政治的人，对于疏远的，要亲近他们；对于故旧，视为新人（而不厌弃他们）。

远 《左传·哀公七年》：鲁弱晋而远吴，冯恃其众，而背君之盟，辟君之执事，以陵我小国。——鲁国以为晋国衰弱而吴国遥远，凭借他们人多，而背弃了和国君订立的盟约，看不起君王的执事，来欺凌我们小国。冯：依。辟：陋。

长 《国语·周语上》：郑伯捷之齿长矣，王而弱之，是不长老也。——捷：郑文公之名。长：年长。弱之：以之为弱，即认为他衰弱。长老：以老年人为年长，即尊重年老之人。

3.3.2 方式形容词活用为及物动词，意动用法

无

3.3.3 性质形容词活用为及物动词，意动用法

卑 《韩非子·五蠹》：今则不然，以其有功也爵之，而卑其士官也。——爵之：授予他爵位。卑其士官：认为那些做官的是低贱的。

薄 《史记·吴王濞列传》：周丘者，下邳人，亡命吴，酤酒无行，吴王薄之，弗任。——薄之：认为他浅薄。

丑 韩愈《送孟东野序》：天将丑其德莫之顾邪？——大概上天认为他们的德行丑恶而不顾念他们吧？将：大概。

大 《庄子·天道》：夫天地者，古之所大也，而黄帝尧舜之所共美也。——天地，是自古以来所认为最伟大，也是黄帝尧舜所共同认为最美好的。

恶 《庄子·山木》：其美者自美，吾不知其美也；其恶者

自恶，吾不知其恶也。——自美：自己认为自己漂亮。自恶：自己认为自己丑陋。

高　《庄子·盗跖》：世之所高，莫若黄帝。——世之所高：世上所认为最高尚的人。

固　《史记·李斯列传》：二世怒曰："吾常多闲日，丞相不来。吾方燕私，丞相辄来请事。丞相岂少我哉？且固我哉？"——少我：认为我幼小。固我：认为我固陋。

寡　《左传·成公十三年》：文公即世，穆为不吊，蔑死我君，寡我襄公。——即世：去世。穆：指秦穆公。不吊：不善，此处意为不善之事。寡我襄公：认为襄公寡弱。襄公，指晋襄公（晋文公之子）。

贵　《墨子·耕柱》：子墨子曰："今有燎者于此，一人奉水将灌之，一人掺火将益之，功皆未至，子何贵于二人？"——燎者：放火的人。掺：持，操。功皆未至：都没有收到功效。子何贵于二人：对这两个人你认为哪一个可贵呢？疑问代词宾语"何"在"贵"之前。

贱　《孟子·滕文公下》：不待父母之命、媒妁之言，钻穴隙相窥，逾墙相从，则父母国人皆贱之。——不经过父母的许可、媒人的介绍，便钻洞扒门缝来互相偷看，爬墙头去私会，那么，父母和社会上的人士都会瞧不起他们。

陋　白居易《与元九书》：夫贵耳贱目，荣古陋今，人之大情也。——看重听到的而轻视看到的，认为古代昌荣而今天俗陋，这是人们的常情。

美　《左传·襄公二十五年》：棠公死，偃御武子以吊焉。见棠姜而美之，使偃取之。——棠公死，东郭偃为崔武子驾车去吊唁。崔武子见到棠姜觉得她很美，让东郭偃为他娶过来。棠姜：棠公的妻子，东郭偃的姐姐。取：同"娶"。

巧　《吕氏春秋·知度》：人主自智而愚人，自巧而拙人。——人主认为自己聪明，别人愚蠢；认为自己高明，别人笨拙。智、愚、拙：用法同“巧”。

弱　《左传·哀公七年》：鲁弱晋而远吴，冯恃其众，而背君之盟，辟君之执事，以陵我小国。——鲁国以为晋国衰弱而吴国遥远，凭借他们人多，而背弃了和国君订立的盟约，看不起君王的执事，来欺凌我们小国。冯：依。辟：陋。

善　《庄子·大宗师》：故善吾生者，乃所以善吾死也。——所以认为我活着是好事的，也应该认为我死亡是好事。

下　《韩非子·奸劫弑臣》：是虽有残刑杀身以为人主之名，而实无益于智伯若秋毫之末。此吾之所下也，而世主以为忠而高之。——是：代词，指豫让刺杀赵襄子为智伯报仇之事。吾之所下：我认为低下的。高之：认为他高尚。

贤　《荀子·修身》：小人反是，致乱而恶人之非己也；致不肖，而欲人之贤己也。——小人就和君子相反。做尽昏乱的事情，却憎恶别人责备；做尽丑恶的事情，却希望别人认为自己贤明。

义　《墨子·节葬下》：此所谓便其习而义其俗者也。——便其习：认为他们的习惯便利。义其俗：认为他们的风俗是合理的。

勇　《韩非子·说难》：自勇其断，则无以其谪怒之；自智其计，则毋以其败穷之。——（君主）自己认为他的果断是勇敢时，就不要拿他的过失让他发怒；他自己认为他的计谋高明时，就不要用他的失败让他困窘。勇、智：形容词意动用法。谪：过失，过错。穷：形容词使动用法。

愚　《韩非子·难三》：燕子哙贤子之而非孙卿，故身死为僇；夫差智太宰嚭而愚子胥，故灭于越。——燕王哙认为子之贤良而认为孙卿错误，所以（后来）身死被杀；吴王夫差认为太宰嚭聪明而认为伍子胥愚蠢，所以（后来）被越国灭掉。燕子哙：即燕王哙，公元前320至前314年在位。子之：燕王哙的相。孙卿：即荀况，赵国人，杰出的思想家。

直　《史记·魏其武安侯列传》：上自魏其时，不直武安，特为太后故耳。——自魏其：对魏其定罪。自，同“罪”。不直武安：不认为武安理由正确。特：仅仅。

智　《韩非子·说难》：宋有富人，天雨，墙坏。其子曰：“不筑，必将有盗。”其邻人之父亦云，暮而果大亡其财。其家甚智其子，而疑邻人之父。——甚智其子：认为他儿子很聪明。

壮　《史记·淮阴侯列传》：滕公奇其言，壮其貌，释而不斩。——壮其貌：觉得他相貌伟壮。

拙　《吕氏春秋·知度》：人主自智而愚人，自巧而拙人。——人主认为自己聪明，别人愚蠢；认为自己高明，别人笨拙。智、愚、拙：用法同“巧”。

尊　《战国策·齐策四》：与秦为帝，而天下独尊秦而轻齐。——尊秦：认为秦国尊贵。

3.3.4　情境形容词活用为及物动词，意动用法

无

3.3.5　态度形容词活用为及物动词，意动用法

卑　《左传·昭公元年》：无礼而好陵人，怙富而卑其上，弗能久免。——陵人：凌驾于别人之上。怙富：依仗富有。卑其上：瞧不起自己的上级。

鄙　《左传·昭公十六年》：我皆有礼，夫犹鄙我。——鄙我：认为我鄙贱。

慢　《左传·襄公三十一年》：吾闻君子务知大者远者，小人务知小者近者。我小人也。衣服附在吾身，我知而慎之。大官、大邑所以庇身也，我远而慢之。——我知而慎之：我了解而

且慎重地对待它。所以庇身也：是用来庇护自身的。我远而慢之：我却疏远而且轻视它。

轻 《庄子·秋水》：且夫我尝闻少仲尼之闻而轻伯夷之义者，始吾弗信。——少仲尼之闻而轻伯夷之义：认为孔子的学识少，轻视伯夷的义节。

善 《庄子·大宗师》：善妖善老，善始善终。——乐观地看待年少和年老，乐观地看待生命的开始和终结。

小 《左传·桓公四年》：秦师侵芮，败焉，小之也。——秦国的军队攻打芮国，战败了，这是由于小看了芮国。

重 《墨子·亲士》：臣下重其爵位而不言，近臣则喑，远臣则吟。——臣子看重自己的爵位而不敢言说，近臣默不作声，远臣只能嗟叹。

3.3.6 感觉形容词活用为及物动词，意动用法

安 《老子》：甘其食，美其服，安其居，乐其俗。——(上古的人们)觉得他们的食物很甜美，觉得他们的服饰很漂亮，认为他们的住房很安适，觉得他们的风俗很快乐。安、甘、美、乐：都是形容词意动用法。

便 《战国策·赵策二》：且习其兵者轻其敌，便其用者易其难；今民便其用而王变之，是损君而弱国也。——而且熟习原来兵器装备的将士可能轻视敌方，对措施感到方便的人，即使是难事也会觉得容易；现在人民对措施感到方便而大王改变它，这样做损害了国君，削弱了国家。

耻 《左传·定公四年》：初，司马臣阖卢，故耻为禽焉。——当初，司马做过阖卢的臣子，所以认为被吴军擒获是羞耻。耻：形容词用如及物动词，意动用法。禽：同“擒”。

丑 《吕氏春秋·贵公》：隰朋之为人也，上志而下求，丑不若黄帝，而哀不己若者。——“上志”的意思是把比自己更好

的人记在心里，模仿他们。上，指才德等在自己之上的人。志，记，记在心里。“下求”的意思是向各方面不如自己的人求教。下，指才德等在自己之下的人。求，问。丑不若黄帝：以（自己）比不上黄帝为羞耻。哀：同情，怜悯。

甘　《孟子·尽心上》：饥者甘食，渴者甘饮，是未得饮食之正也，饥渴害之也。——饥饿的人觉得任何食物都是美的，干渴的人觉得任何饮料都是甜的，这并没有尝出饮食的正常滋味，而是饥渴伤害他们的缘故。

怪　《荀子·天论》：星队，木鸣，国人皆恐。曰：是何也？曰：无何也，是天地之变，阴阳之化，物之罕至者也。怪之可也，而畏之非也。——流星坠落，树木鸣响，都城里的人都很惊恐。这是为什么呢？这没有什么，这是天地、阴阳的变化，事物中很少出现罢了。认为它奇怪是可以的，害怕它就不对了。队：古“坠”字。

急　《孟子·尽心上》：尧舜之知而不遍物，急先务也；尧舜之仁不遍爱人，急亲贤也。——尧舜的智慧不可能知道一切事物，但知道首要任务最紧迫；尧舜的仁德不可能爱所有的人，但把爱贤者看得最紧要。

苦　《史记·李将军列传》：是时汉边郡李广、程不识皆为名将，然匈奴畏李广之略，士卒亦多乐从李广而苦程不识。——乐从李广：以跟随李广为乐。苦程不识：以跟随程不识为苦。

愧　《史记·孝文本纪》：群臣如张武等受赂遗金钱，觉，上乃发御府金钱赐之，以愧其心，弗下吏。——愧其心：让他们心里惭愧。

乐　《孟子·梁惠王下》：乐民之乐者，民亦乐其乐；忧民之忧者，民亦忧其忧。——以百姓的快乐为自己的快乐的，百姓也会以国王的快乐为自己的快乐；以百姓的忧愁为自己的忧愁的，百姓也会以国王的忧愁为自己的忧愁。

难 《史记·仲尼弟子列传》：子之所难，人之所易；子之所易，人之所难。——子之所难：你认为困难的。人之所易：别人觉得很容易的。难、易：都是形容词意动用法。

奇 《战国策·齐策六》：齐闵王之遇杀，其子法章变姓名，为莒太史家庸夫，太史敫女奇法章之状貌，以为非常人。——奇法章之状貌：觉得法章的形体相貌与众不同。

热 《庄子·达生》：子列子问关尹曰："至人潜行不窒，蹈火不热，行乎万物之上而不栗。请问何以至此？"——子列子：列御寇，古人称师曰子，亦称有德者。"列子"前加"子"，具有这两种含义。关尹：姓尹名喜，字公度，为函谷关令，故曰关令尹真人，老子弟子。至人：至极圣人。潜行不窒：潜行水中呼吸不窒。蹈：践。不热：不感到灼热。万物之上：最高险的地方。栗：战栗、惧怕。

荣 《荀子·不苟》：君子能则人荣学焉，不能则人乐告之。——荣学焉：以向他学习为荣。乐告之：以告诉他为快乐。

恬 《荀子·性恶》：轻身而重货，恬祸而广解苟免；不恤是非，然不然之情，以期胜人为意，是下勇也。——轻身而重货：轻视生命而看重财物。恬祸：对灾祸无动于衷。恬，安然，平静。广解苟免：多方设法解脱，苟且免祸。恤：考虑，体谅。情：实情，实际情况。

危 《战国策·秦策三》：而君之禄位贵盛，私家之富过于三子，而身不退，窃为君危之。——三子：指商君、吴起、文种。为君危之：替你感到危险。

羞 《孟子·公孙丑上》：柳下惠不羞污君，不卑小官。——柳下惠不以侍奉坏君王为羞耻，不以自己官职低微为卑下。柳下惠：鲁大夫展禽。食采柳下，谥号曰惠。

异 《史记·孔子世家》：孔子长九尺有六寸，人皆谓之"长人"而异之。——异之：认为他奇特。

易　《史记·李斯列传》：岂跛也而易百仞之高哉！——哪里有跛子认为登上百仞高峰是很容易的呢！

冤　《三国志·魏书·崔琰传》：（崔）琰最为世所痛惜，至今冤之。——冤之：认为他冤枉。

3.4　形容词活用为及物动词，为动用法

3.4.1　度量形容词活用为及物动词，为动用法

无。

3.4.2　方式形容词活用为及物动词，为动用法

无。

3.4.3　性质形容词活用为及物动词，为动用法

无。

3.4.4　情境形容词活用为及物动词，为动用法

无。

3.4.5　态度形容词活用为及物动词，为动用法

傲　《商君书·修权》：数加严令，而不致其刑：则民傲死。——多次给予严厉的命令，而不施加给他们刑罚，人们就会对死刑不在乎。

暴　《孟子·离娄上》：暴其民，甚则身弑国亡，不甚则身危国削。——对老百姓暴虐，重则自身被杀，国家灭亡；轻则自身危险，国家削弱。

惠　《荀子·正论》：杀人者不死，伤人者不刑，是谓惠暴

而宽贼也，非恶恶也。——杀人的不被处死，伤人的不处罚，这就叫对凶暴的人仁惠，对贼寇宽恕，而不是憎恨罪恶了。

骄 《孟子·离娄下》：（其妻）与其妾讪其良人，而相泣于中庭，而良人未之知也，施施从外来，骄其妻妾。——（他的妻）和妾一道在庭中咒骂丈夫，哭成一团，而丈夫还不知道，得意扬扬地从外面回来，向他两个女人摆威风。良人：丈夫。施施：得意扬扬的样子。

怒 《左传·宣公十二年》：楚军讨郑，怒其贰而哀其卑，叛而伐之，服而舍之，德刑成矣。——楚军讨伐郑国，对郑国的背叛感到愤怒而又可怜郑国的卑下。背叛了去讨伐他，顺服了就赦免他，德行、刑罚都完成了。

下 《左传·宣公十二年》：其君能下人，必能信用其民矣。——下人：对人谦下。

3.4.6 感觉形容词活用为及物动词，为动用法

哀 《左传·僖公三十三年》：秦不哀吾丧而伐吾同姓，秦则无礼。——秦国不为我们的丧事悲伤，反而攻打我们的同姓国家，秦国就是无礼。

安 《左传·宣公十二年》：利人之几，而安人之乱，以为己荣，何以丰财？——利人之几：从别人的危难中取利。安人之乱：对别人的动乱心安理得。丰财：使财产丰厚。

悲 《韩非子·和氏》：吾非悲刖也，夫宝玉而题之以石，贞士名之以诳，此吾所以悲也。——我不是因为受到断足之刑而悲哀，而是为那宝玉被叫作石头、贞亮之士被叫作欺诳之徒而悲哀，这才是我悲哀的真正原因啊。

便 《商君书·更法》：治世不一道，便国不必法古。——治理国家不一定用同一种方法，只要对国家有利就不一定效法古代。一道：统一方法。一，一样，同一。

惭 《三国志·吴书·张昭传》：（孙）权谢（张）昭曰：

难其人：为这个人选感到困难。

罢　《史记·高祖本纪》：楚汉久相持未决，丁壮苦军旅，老弱罢转饷。——苦军旅：因战事而受苦。军旅，战事。罢转饷：因运粮而疲劳。罢，同“疲”，形容词为动用法。

戚　《史记·司马相如列传》：昔者鸿水浡出，氾滥衍溢，民人登降移徙，崎岖而不安。夏后氏戚之。——鸿水：洪水。浡：兴起，暴发。民人：人民。戚之：为此而忧愁。

勤　《国语·鲁语上》：契为司徒而民辑，冥勤其官而水死，汤以宽治民而除其邪，稷勤百谷而山死。——契：殷之祖，是尧的司徒。辑：和睦。冥：契后六世孙，夏代的水官。勤其官：为（履行）他的职务而辛勤劳苦。水死：死在水中。勤百谷：为庄稼而劳苦。

忍　《韩非子·内储说下》：公不忍之，彼将忍公。——您不对他狠心，他将对您狠心。

善　《战国策·秦策四》：天下莫强于秦、楚。今闻大王欲伐楚，此犹两虎相斗，而驽犬受其弊，不如善楚。——不如善楚：不如对楚国友好（不要攻打它）。

伤　《史记·夏本纪》：禹伤先人父鲧功之不成受诛。——大禹因为父亲鲧治水不成功受到诛罚而悲伤。

痛　《史记·淮南衡山列传》：臣闻微子过故国而悲，于是作《麦秀》之歌，是痛纣之不用王子比干也。——痛纣之不用王子比干：为纣王不用王子比干而痛惜。

3.5　形容词活用为名词

3.5.1　度量形容词活用为名词

高、下　《国语·吴语》：今王既变鲧、禹之功，而高高下下，以罢民于姑苏。——变鲧、禹之功：传说中鲧、禹父子治水，禹继承父亲的未竟之业，终于治好洪水。此处喻指吴王夫差不能继承其父之志和完成未竟之业（消灭越国）。高高下下：筑高台榭，挖深污池。前面的“高、下”均为形容词用如及物动词，使动用法。后面的“高、下”均为形容词用如名词，意为“高处、低处”，此处指台榭、污池。

高　《荀子·劝学》：吾尝跂而望矣，不如登高之博见也。——跂：提起脚跟。登高：登上高处。

众、寡　贾谊《过秦论中》：诸侯力政，强侵弱，众暴寡。——诸侯以武力相征伐，强者侵凌弱者，人多的摧残人少的。政：同“征”。

小　《论语·卫灵公》：小不忍，则乱大谋。——小事情不忍耐，便会败坏大事情。

小、大　《孟子·梁惠王上》：小固不可以敌大。——小国本来就不可以抗拒大国。

3.5.2　方式形容词活用为名词

无。

3.5.3　性质形容词活用为名词

寡　《左传·僖公二十一年》：崇明祀，保小寡，周礼也。——崇明祀：尊崇神明之祀。保小寡：保护微小寡弱之国。

强、弱　贾谊《过秦论中》：诸侯力政，强侵弱，众暴寡。——诸侯以武力相征伐，强者侵凌弱者，人多的摧残人少的。政：同“征”。

贵、贱　《墨子·兼爱中》：贵必敖贱。——尊贵者一定傲视卑贱者。

贵、贱　《左传·宣公十二年》：贵有常尊，贱有等威，礼不逆矣。——尊贵者对他们有一定的礼节示以尊重，低贱者对他们有一定的等级示以威严，礼节就没有不顺的了。贱：用法同“贵”。

坚、锐　《史记·项羽本纪》：夫被坚执锐，义不如公；坐而运策，公不如义。——被坚执锐：披着坚固的铠甲，拿着锐利的武器（去打仗）。被，同“披”。义：宋义。公：对项羽的尊称。运策：运用计策。

罢、弱　贾谊《过秦论下》：（秦）收弱扶罢，以令大国之君，不患不得意于海内。——收弱扶罢：收容扶持衰弱、疲惫的人民。令：指挥。大国：指东方诸侯新建的各国。

强、弱、富、贫、贵、贱、诈、愚　《墨子·兼爱中》：天下之人皆不相爱，强必执弱，富必侮贫，贵必敖贱，诈必欺愚。——天下之人都不相爱的话，强者必定要控制弱者，富者必定要欺侮贫者，高贵者对低贱者傲慢，奸诈者必定欺骗愚笨者。敖：同“傲”。

强、弱、贵、贱　《墨子·天志上》：强者不劫弱，贵者不傲贱。——劫：威胁。

卑、尊　《孟子·滕文公下》：在于王所者，长幼卑尊皆薛居州也，王谁与为不善？——卑：地位低下的人。薛居州：人名，本句用来代替一般的善士。

贤、卑、尊　《孟子·梁惠王下》：国君进贤，如不得已，将使卑逾尊，疏逾戚，可不慎与？——国君选拔贤人，如果迫不得已要用新进，就要把卑贱者提拔在尊贵者之上，把疏远的人提拔在亲近者之上，对这种事能不慎重吗？

贤、能、贵、贱　《荀子·君子》：故尚贤使能，等贵贱，分亲疏，序长幼，此先王之道也。——尚贤使能：推崇和任用贤者、有才能的人。等贵贱：使贵者、贱者有等级差别。分亲疏：分别亲近的人和疏远的人。序长幼：使长幼有序；排列长幼的顺序。

尊、卑、贫、富 《孟子·万章下》：为贫者，辞尊居卑，辞富居贫。——因为贫穷而做官的，便该拒绝高官，居于卑位；拒绝厚禄，只受薄俸。

坚、肥 晁错《论贵粟疏》：千里游敖，冠盖相望，乘坚策肥，履丝曳缟。——游敖：行游各地。敖，古“遨”字。冠：指官服。盖：车盖。乘坚策肥：乘着坚固的车子，赶着肥马。古代仕宦始有车，这里是说商人坐着车子，穿着考究的服装，一批批地往来于道上。履丝曳缟：穿着丝织的鞋，拖着丝织白绢。古衣裾长拖地，故云曳缟。

仁、淫 《左传·成公五年》：神福仁而祸淫。——神灵让仁爱的人得福而让淫乱的人受祸。

3.5.4 情境形容词活用为名词

无。

3.5.5 态度形容词活用为名词

暴 《淮南子·主术训》：其次赏贤而罚暴。——贤：贤能的人。暴：暴虐的人。

暴 《史记·秦始皇本纪》：先王知雍蔽之伤国也，故置公卿大夫士，以饰法设刑，而天下治。其强也，禁暴诛乱而天下服；其弱也，五伯征而诸侯从。——禁暴：禁止暴虐的行为。诛乱：诛讨作乱的人。

疏、戚 《孟子·梁惠王下》：国君进贤，如不得已，将使卑逾尊，疏逾戚，可不慎与？——国君选拔贤人，如果迫不得已要用新进，就要把卑贱者提拔在尊贵者之上，把疏远的人提拔在亲近者之上，对这种事能不慎重吗？

亲、疏 《荀子·君子》：故尚贤使能，等贵贱，分亲疏，序长幼，此先王之道也。——分亲疏：分别亲近的人和疏远的人。

3.5.6　感觉形容词活用为名词

佚、劳、饱、饥　《吴子·治兵》：以近待远，以佚待劳，以饱待饥。

3.6　形容词活用情况小结

根据上面的描述，现将形容词活用的情况小结如下。

从总的情况来看，在形容词五种活用类型中，形容词活用为及物动词使动用法、形容词活用为及物动词意动用法、形容词活用为及物动词为动用法这三种活用现象相对比较丰富，形容词活用为及物动词一般用法、形容词活用为名词这两种活用现象则相对较少。

从活用词语的语义分类的情况来看，每个语义小类在不同的活用用法中的情况又有所不同。分述如下：

（1）在形容词活用为及物动词一般用法中，度量形容词、态度形容词这两个小类的活用用例相对多一些；方式形容词的活用用例稍微少一些；性质形容词、情境形容词、感觉形容词这三个小类的活用用例很贫乏，都只有一两例。根据这一情况来看，度量、态度同动作行为的关系似乎更为密切。

（2）在形容词活用为及物动词使动用法中，度量形容词、性质形容词、情境形容词、感觉形容词的活用用例较丰富，而方式形容词、态度形容词两个小类的活用用例相对贫乏。这种情况可能同使动用法所表示的使动意义有关。使动意义表示一定的意愿、外力使人和事物发生一定的变化。度量形容词、性质形容词、情境形容词在语义上基本上都表示人和事物变化的尺度、性质和情境，感觉形容词表示的感觉同使动用法的结果关系更为密切，所以这四个小类的使动用法较多。其他两个小类中，方式形容词表示的方式较难转化为变化的结果或状况，态度形容词表示的态度一般都伴随动作行为的发出表现出来，也很难成为变化的结果或状况，所以这两个小类的形容词使动用法很少。

（3）在形容词活用为及物动词意动用法中，度量形容词、性质形容词、感觉形容词这三个小类的活用用例较为丰富，态度形容词的用例则很少，而方式形容词、情境形容词意动用法的用例则没有发现。形容词的意动用法的语法意义主要表示主观上对一定的对象进行评价、认定和看待。度量形容词较容易成为意动结构中的评价尺度，性质形容词则较容易成为意动结构中的评价结论。感觉形容词表示的感觉本身就是人体验、经历后的结论，所以也很容易进入意动结构。

（4）形容词活用为及物动词为动用法的用例集中在态度形容词和感觉形容词两个小类中，其他四个小类均未发现为动用法的用例。这一情况同形容词为动用法表示意义有密切的关系。形容词为动用法主要表示一定的主体对待一定对象的态度、看法和感觉、感受，所以形容词为动用法比较集中地表现在态度形容词和感觉形容词这两个小类中。

（5）形容词活用为名词的情况则主要表现在性质形容词小类之中，度量形容词、态度形容词、感觉形容词三个小类中有少量的用例，方式形容词、情境形容词两个小类中则没有发现用例。这一情况说明性质形容词的转指能力比较强，或者说性质形容词很容易转化为指称。

上述对形容词活用情况的归纳是我们根据搜集到的语料的状况，并且仅仅根据活用用例的多少做出的，也没有考虑形容词的词频和使用范围，所以上述归纳的情况只能作为对形容词活用分析的一个参考。

第四章　动词活用状况的分类描述

在对动词活用状况的描述中，我们也尝试着做了一件工作，那就是对活用的动词按照词汇语义，并参照在句子中表现出的句法意义进行分类，这样可以对动词活用的状况观察得更细致一些，这对动词活用状况的语义分析也是一件必要的铺垫工作。

活用的动词按照词汇语义，并参照在句子中表现出的句法意义，可以粗略地分为如下五个小类：

（1）位移动词：表示人和事物空间位置移动变化的动词。例如：来、去、沉、驰、出、登、反、飞、浮、归、进、却、入、逃、退、下、行。

（2）心理动词：表示人的心理活动、心理状况的动词。例如：信、怀、骇、患、惧、恐、畏、悟、疑、悦。

（3）存变动词：表示人和事物存在、变化（出现、消失、生死等）的动词。例如：存、毙、变、病、动、复、覆、合、化、活、亏、离、立、免、破、栖、生、息。

（4）身体动词：表示人体各个器官、部位和人体的动作、行为的动词。例如：啖、负、劳、佩、泣、食、闻、舞、饮、坐、作、为、战。

（5）权势动词：表示具有权势关系的双方之间（或其中一方）发出的行为。例如：从、服、败、朝、附、见、屈、辱、降。

下面对动词的活用状况的描述将按照以上所分的小类进行。

4.1 动词的使动用法

4.1.1 位移动词的使动用法

来 《论语·季氏》：夫如是，故远人不服，则修文德以来之。既来之，则安之。——做到这样，远方的人还不归服，就再修仁义礼乐的政教使他们来（归服）。已经使他们来（归服）了，就要使他们安心。来之：使之来。

辟（避） 《史记·赵世家》：简子出，有人当道，辟之不去，从者怒，将刃之。——辟之：使他避开。辟，同“避”。刃之：杀他。

去 《史记·伯夷列传》：左右欲兵之。太公曰：“此义人也。”扶而去之。——去之：使他离开。

沉 《国语·越语上》：若以越国之罪为不可赦也，将焚宗庙，系妻孥，沉金玉于江，有带甲五千人，将以致死，乃必有偶。——若以越国之罪为不可赦也：如果（大王您）认为越国的罪过不可宽赦。意即您如不许越国求和。系妻孥：把妻子和儿女扭绑起来。孥，儿女。沉金玉于江：把金器、玉器沉到江里。带甲：披甲的将士。将以致死，乃必有偶：将拼以死命，必然一人可拼一人。

驰 《战国策·秦策三》：以秦卒之勇，车骑之多，以当诸侯，譬若驰韩卢而逐蹇兔也。——当：抵御，抵挡。韩卢：古代韩国良犬。蹇兔：跛足之兔。

出 《左传·襄公二十三年》：乃出豹而闭之。——于是就让斐豹出宫，然后关上宫门。豹：斐豹，人名。

登 《史记·郑世家》：（解扬）过郑，郑与楚亲，乃执解扬而献楚。楚王厚赐与约，使反其言，令宋趣降，三要乃许。于是楚登解扬楼车，令呼宋。——趣降：赶快投降。登解扬楼车：让解扬登上楼车。楼车，云梯。

反　《史记·鲁周公世家》：及成王用事，人或谮周公，周公奔楚。成王发府，见周公祷书，乃泣，反周公。——用事：当权。周成王少时由其叔父周公摄政，待他长大以后周公把政权还给了他。谮：诬陷，中伤。奔：逃亡。发：打开。反周公：让周公回来了。

飞　《墨子·鲁问》：公输子削竹木以为鹊，成而飞之，三日不下。——公输子：即鲁盘（“盘”或作“般”“班”），“公输”为其号，他是鲁国的巧匠。成而飞之：做成了使它飞起来。

浮　《史记·滑稽列传》：当其时，巫行视小家女好者，云“是当为河伯妇”，即娉取。……共粉饰之，如嫁女床席，令女居其上，浮之河中。始浮，行数十里乃没。——浮之河中：让床席漂浮在河中。

复　《左传·襄公二十六年》：声子曰：“子行也！吾必复子。”——声子：人名。吾必复子：我一定让您回去。

归　《左传·僖公十五年》：我毒秦，秦岂归君？——我们毒害了秦国，秦国岂能让国君回来？

进　《论语·先进》：子曰：“求也退，故进之；由也兼人，故退之。”——孔子说：“冉求平日做事退缩，所以我让他大胆向前；仲由喜欢胜过别人，所以我要压压他。”兼人：胜人。

起　《墨子·贵义》：今有人于此，负粟息于路侧，欲起而不能。君子见之，无少长贵贱必起之。——起之：扶起他，帮助他站起来。

去　李斯《谏逐客书》：今取人则不然；不问可否，不论曲直，非秦者去，为客者逐。——非秦者去：不是秦国的人都让他们离开。

却　贾谊《过秦论上》：乃使蒙恬北筑长城而守藩篱，却匈奴七百余里。——藩篱：屏障，此指疆界。却匈奴七百余里：使匈奴退却七百余里。

入 《韩非子·十过》：吾欲辅重耳而入之晋，何如？——入之晋：使他进入晋国。

逃 《韩非子·外储说左下》：子皋从出门，朗危引之而逃之门下室中，吏追不得。——子皋：孔子的门徒。从：跟着，随着。朗危：砍掉脚的人。危，同“跪”，脚。引之：领着他。逃之门下室中：让他跑到大门边自己的屋子里。

退 《墨子·兼爱中》：士闻鼓音，破阵乱行，蹈火而死者，左右百人有余。越王击金而退之。——破阵乱行：打乱了队伍行列。退之：让他们退下来。

下 《左传·襄公二十五年》：闾丘婴以帷缚其妻而载之，与申鲜虞乘而出，鲜虞推而下之。——下之：使之下。闾丘婴、申鲜虞：皆人名。

行 《左传·昭公元年》：五月庚辰，郑放游楚于吴。将行子南，子产咨于大叔。——五月初二，郑国放逐公孙楚到吴国。打算让公孙楚动身，子产征求太叔的意见。公孙楚：字子南。

游 《庄子·至乐》：夫以鸟养养鸟者，宜栖之深林，游之坛陆，浮之江湖，食之鳅鯈，随行列而止，委蛇而处。——以鸟养养鸟者：按照养鸟的方法来养鸟的人。宜：应当。栖之深林：让它在深林里栖息。游之坛陆：让它在沙渚上遨游。浮之江湖：让它在江湖中浮游。食之鳅鯈：让它吃泥鳅、小鱼之类的东西。鯈，同“鲦”，鲦鱼，一种小鱼。栖、游、食：动词使动用法。委蛇而处：自由自在地生活。委蛇，也作“委移”“逶迤”等；雍容自得。

走 《战国策·齐策三》：可以为楚王走太子，可以忠太子使之亟去。——可以为了楚王而赶走太子，也可以忠于太子而让他迅速离开（齐国）。

4.1.2　心理动词的使动用法

怀　《论语·公冶长》：老者安之，朋友信之，少者怀之。——安之：使他们安逸。信之：使他们信任（自己）。怀之：使他们怀念（自己）。

骇　《墨子·杂守》：客众而勇，轻意见威，以骇主人。——骇主人：使主人受到惊骇。

患　《国语·楚语上》：叔段以京患庄公。——叔段：共叔段，郑庄公的弟弟。京：地名。患庄公：使庄公忧虑。

惧　《老子》：民不畏死，奈何以死惧之？——惧之：使他们害怕。

觉　《孟子·万章上》：予将以斯道觉斯民也。非予觉之，而谁也？——我就用这个尧舜之道使现在的人觉悟。不是我使他们觉悟，还有谁呢？

恐　《史记·秦始皇本纪》：李斯因说秦王，请先取韩以恐他国。——恐他国：使其他国家害怕。

倾　《史记·孟尝君列传》：孟尝君舍业厚遇之，以故倾天下之士。——倾天下之士：使天下之士倾倒。

威　《左传·庄公二十八年》：则可以威民而惧戎。——这样可以使老百姓敬畏，使戎人畏惧。威：同“畏”。

畏　《战国策·西周》：秦欲攻周，周最谓秦王曰：“为王之国计者不攻周，攻周，实不足以利国而声畏天下。天下以声畏秦；必东合于齐。”——利国：使国家得利。声畏天下：（攻周的）名声使天下的人惊惧。

悟　《庄子·列御寇》：一悟万乘之主而从车百乘者，商之所长也。——一下子使万乘之主醒悟而使身后随从着百乘车辆，这是我曹商的长处了。曹商：宋人。

信　《墨子·非攻下》：督以正，义其名，必务宽吾众，信吾师。——以正道率领，以义立名，一定要对自己的民众宽厚，使自己的军队相信自己。

疑　《战国策·秦策三》：夫以曾参之贤与母之信也，而三人疑之。——疑之：使她（曾参母亲）怀疑。

悦　《孟子·离娄上》：悦亲有道，反身不诚，不悦于亲矣。——要使父母喜欢自己是有方法的，（首先要诚心诚意，）若是反躬自问，心意不诚，也就不能使父母喜欢自己了。

4.1.3　存变动词的使动用法

毙　《左传·成公十六年》：若欲得志于鲁，请止行父而杀之，我毙蔑也。——（晋国）如果要在鲁国行使自己的意志，请留下行父而杀了他，我把蔑弄死。

变　《孟子·滕文公上》：吾闻用夏变夷者，未闻变于夷。——我只听说过用华夏族的一切使夷族发生变化，没有听说被夷族改变。

病　《荀子·天论》：强本而节用，则天不能贫；养备而动时，则天不能病；循道而不贰，则天不能祸。——贫（之）：使之穷困。病（之）：使之生病。祸（之）：使之受祸。

存　《周易·系辞下》：龙蛇之蛰，以存身也。——蛰：伏，藏。存身：使身体生存。

荡　《左传·僖公三年》：齐侯与蔡姬乘舟于囿，荡公。公惧，变色；禁之，不可。——荡公：使齐侯摇摆晃动。

动　《孟子·梁惠王下》：天下固畏齐之强也，今又倍地而不行仁政，是动天下之兵也。——倍地：使土地扩大一倍。动天下之兵：使天下兴兵动武。

复　《左传·襄公十年》：王叔陈生与伯舆争政。王右伯舆，王叔陈生怒而出奔。及河，王复之。——王叔陈生、伯舆：人名。争政：争夺权力。王右伯舆：周天子让伯舆居上位。右，古代以右为尊。及河，王复之：到达黄河，周天子让他官复原位。

覆 《战国策·魏策二》：今战胜魏，覆十万之军，而禽太子申，臣万乘之魏，而卑秦楚。——覆十万之军：使十万之众全军覆没。禽：同“擒”，擒获。臣万乘之魏：使万乘之魏臣服。卑秦楚：使秦楚的地位低下（即使秦楚处其下）。

合 《战国策·秦策三》：昔者齐桓公九合诸侯，一匡天下，至蔡丘之会，有骄矜之色，畔者九国。——合诸侯：使诸侯合于一体。骄矜之色：指脸上有骄傲、矜持的表情。畔：同“叛”，背叛。

化 陈子昂《谏用刑书》：臣闻古之御天下者，其政有三。王者化之，用仁义也。霸者威之，任权智也。强者胁之，务刑罚也。是以化之不足然后威之，威之不变然后刑之。——化之：使人民感化。威之：威慑人民。刑之：对人民用刑。

活 《左传·哀公十七年》：既入焉，而示之璧，曰：“活我，吾与女璧。”——活我：让我活下去。女：你。

疾 《韩非子·扬权》：夫香美脆味，厚酒肥肉，甘口而疾形。——美好香脆的味道，醇酒肥肉，使人口中甘美，却能使人得病。疾：生病。形：形体，身体。

亏 《墨子·兼爱上》：子自爱不爱父，故亏父而自利；弟自爱不爱兄，故亏兄而自利；臣自爱不爱君，故亏君而自利，此所谓乱也。——亏父而自利：让父亲受亏而使自己得利。

离 《史记·田敬仲完世家》：中国白头游敖之士皆积智欲离齐秦之交。——离齐秦之交：使齐秦的邦交离散。

立 《论语·雍也》：夫仁者，己欲立而立人，己欲达而达人。——所谓仁，就是自己站得住，也要使别人站得住；自己通达，也要使别人通达。

免 《庄子·渔父》：仁则仁矣，恐不免其身。——讲仁爱可算是讲仁爱了，恐怕不易使他自身免遭祸难。

破　《史记·张耳陈余列传》：夫秦为无道，破人国家，灭人社稷。——破人国家：使别人的国家破灭。

栖　《战国策·秦策五》：吴王夫差栖越于会稽，胜齐于艾陵。——栖越于会稽：迫使越王栖息在会稽山上。

倾　《荀子·儒效》：万物莫足以倾之之谓固。——倾之：使它倾倒。

生　《左传·宣公十二年》：随季曰："楚师方壮，若萃于我，吾师必尽。不如收而去之。分谤，生民，不亦可乎？"——随季说："楚军的士气正旺，如果集中兵力对付我们，我们的军队必然会被全部消灭；不如收兵离开。分担（对失败的）指责、使士兵得以活命，不也是可以的吗？"随季：晋国将领。萃：集。民：人，指士兵。

死　《左传·襄公二十一年》：死吾父而专于国，有死而已！吾蔑从之矣。——弄死我父亲而在国内专政，我只有一死！我不能跟从他啦！蔑：不。

脱　《史记·秦本纪》：晋击（秦）缪公，缪公伤。于是岐下食善马者三百人驰冒晋军，晋军解围，遂脱缪公而反生得晋君。——岐下食善马者三百人：缪公曾丢失善马（好马）。岐下的野人得而食之。缪公不治其罪而赐之酒。此食善马之三百人后从秦击晋，冒死救缪公，以报食马不杀之德。冒：迎着，冲向。脱缪公：使缪公脱险。

亡　《左传·昭公二十一年》：公曰："司马以吾故亡其良子。死亡有命，吾不可以再亡之。"——宋公说："司马由于我的缘故而使他的好儿子逃亡。死和逃亡都是命中注定，我不能再让他的儿子逃亡了。"

亡　《史记·苏秦列传》：有齐无秦；有秦无齐，必伐之，必亡之。——必亡之：一定要灭亡它。

息　《左传·襄公二十九年》：天祸郑久矣，其必使子产息之，乃犹可以戾。——上天降祸于郑国很久了，一定要让子产平息它，国家还可以安定。祸郑：使郑国得祸。息之：使灾祸平息。戾：安定。

息　《左传·昭公十四年》：好于边疆，息民五年，而后用师，礼也。——和四边的邻国结好，让百姓休养生息五年，然后用兵，这是合于礼的。

休　《史记·白起王翦列传》：于是应侯言于秦王曰："秦兵劳，请许韩、赵之割地以和，且休士卒。"——应侯：指范雎。休士卒：使士卒休息。

延　柳宗元《钴鉧潭记》：予乐而如其言，则崇其台，延其槛，行其泉。——我很高兴，照他的话去做，把台子筑得高高的，把栏杆修得长长的，让泉水畅流。

长　《孟子·告子下》：长君之恶其罪小，逢君之恶其罪大。——长君之恶：助长君主的恶行。逢：逢迎。

4.1.4　身体动词的使动用法

啖　《韩非子·说难》：（弥子瑕）与君游于果园，食桃而甘，不尽，以其半啖君。君曰："爱我哉！忘其口味以啖寡人。"——君：指卫灵公。啖君：给卫灵公吃。口味：喜欢吃的东西。

负　《左传·昭公四年》：王弗听，负之斧钺，以徇于诸侯。——楚王没有听从（进谏），让他（指庆封）背上斧钺，在诸侯军队中巡行示众。钺：古代兵器，状如大斧。徇：巡示。

劳　《论语·尧曰》：择可劳而劳之，又谁怨？——选择可以劳动的（时间、情况、人民）然后再去使他们劳动，又有谁来怨恨呢？

佩　《史记·淮南衡山列传》：王奇孝材能，乃佩之王印，号曰将军，令居外宅，多给金钱，招致宾客。——王奇孝材能，乃佩之王印：衡山王对自己的儿子刘孝的才能感到惊奇，于是让他佩带王印。奇，形容词意动用法。

舞、泣 苏轼《赤壁赋》：客有吹洞箫者，倚歌而和之。其声呜呜然，如怨如慕，如泣如诉；余音袅袅，不绝如缕，舞幽壑之潜蛟，泣孤舟之嫠妇。——舞幽壑之潜蛟，泣孤舟之嫠妇：(箫声）使潜伏在深谷水中的蛟龙起舞，使孤舟上的寡妇哭泣。舞、泣：动词使动用法。

舍 《战国策·齐策一》：于是舍之上舍，令长子御，旦暮进食。——舍之上舍：让他住进上舍。上舍，招待宾客的上等房舍。御：侍。

食 《论语·微子》：（丈人）止子路宿，杀鸡为黍而食之。——丈人留子路住宿，杀鸡做黄米饭给他吃。

闻 《史记·滑稽列传》：于是卫将军乃以五百金为王夫人之亲寿。王夫人以闻武帝。——为王夫人之亲寿：为王夫人的双亲祝寿。闻武帝：让武帝知道。

饮 《左传·宣公二年》：秋九月，晋侯饮赵盾酒。——饮赵盾酒：让赵盾喝酒。

战 《史记·张仪列传》：夫战孟贲、乌获之士以攻不服之弱国，无异垂千钧之重于鸟卵之上，必无幸矣。——战孟贲、乌获之士：率领孟贲、乌获般的战士作战。孟贲，卫国勇士。乌获，秦国的大力士。

醉 《史记·齐太公世家》：齐襄公与鲁君饮，醉之。——齐襄公和鲁君在一块儿喝酒，灌醉了鲁君。

坐 《史记·高祖本纪》：（萧何）令诸大夫曰："进不满千钱，坐之堂下。"——坐之堂下：让他坐在堂下。

4.1.5　权势动词的使动用法

败　《左传·僖公二十七年》：子玉之败也，子之举也，举以败国，将何贺焉？——子玉作战失败，是由于您的推举，推举而使国家失败，还要祝贺什么呢？

宾　《史记·司马相如列传》：夫不顺者已诛，而为善者未赏，故遣中郎将往宾之。——宾之：使之宾服。

朝　《孟子·梁惠王上》：然则王之所大欲可知已：欲辟土地，朝秦楚，莅中国，而抚四夷也。——那么，大王您的最大的欲望便可以知道了：（您是）想扩张国土，使秦、楚等大国来朝拜，君临中原诸侯之上，同时安抚四周的外族。莅：临。中国：指中原。

从　《史记·仲尼弟子列传》：吴王大说，以告子贡曰："越王欲身从寡人伐齐，可乎？"子贡曰："不可。夫空人之国，悉人之众，又从其君，不义。"——身：亲自。空人之国，悉人之众，又从其君：让人家国家空虚，让人家的士卒全部出动，又让他们的君王跟从。

服　《孟子·离娄下》：以善服人者，未有能服人者也；以善养人，然后能服天下。——以善服人：拿自己的长处来使人佩服。以善养人：拿自己的长处来教育别人（使别人也能获得这些长处）。天下：指天下之人。

附　《史记·司马穰苴列传》：晏婴乃荐田穰苴曰："穰苴虽田氏庶孽，然其人文能附众，武能威敌，愿君试之。"——荐：推荐，推举。庶孽：古时称妾婢所生的孩子为庶子，也叫庶孽。按照封建宗法制度，妾婢所生的孩子比嫡妻所生的孩子地位卑贱。附众：使大家亲附。威敌：威慑敌人。

见　《论语·阳货》：阳货欲见孔子，孔子不见。——阳货想要孔子来拜见他，孔子不去拜见。阳货：鲁国大夫。

亲 《韩非子·初见秦》：臣昧死，愿望见大王，言所以破天下之从，举赵，亡韩，臣荆、魏，亲齐、燕，以成霸王之名，朝四邻诸侯之道。——我冒着死亡的危险愿见到大王，论说可以用来破坏天下合纵，攻下赵国，灭掉韩国，使楚、魏两国臣服，齐、燕两国亲近我们，成就霸王的名声，叫四邻诸侯来朝见的策略。亲齐、燕：使齐国、燕国亲近我们。

诎 《战国策·秦策一》：今欲并天下，凌万乘，诎敌国，制海内，子元元，臣诸侯，非兵不可。——诎敌国：使敌国屈服。子元元：使百姓成为自己的子民。

屈 《孙子·谋攻》：不战而屈人之兵，善之善者也。——不战而使对方的军队屈服，是高明中最高明的。

辱 《战国策·韩策一》：公破韩，辱公仲。——辱公仲：使公仲受辱。

降 《史记·秦始皇本纪》：王翦遂定荆江南地，降越君，置会稽郡。——降越君：使越君投降。置：设置。

4.2 动词的为动用法

4.2.1 位移动词的为动用法

避 《汉书·万石君石奋传》：愿归丞相侯印，乞骸骨归，避贤者路。——乞骸骨归：请求告老退职。避贤者路：为贤者让开路。

亡 《左传·襄公二十五年》：故君为社稷死，则死之；为社稷亡，则亡之。——死之：为他而死。亡之：为他（国君）而逃亡。

亡 《史记·齐悼惠王世家》：顷之，诸吕有一人醉，亡酒，（刘）章追，拔剑斩之而还，报曰："有亡酒一人，臣谨行法斩之。"太后左右皆大惊。——亡酒：为了躲避饮酒而溜走了。

4.2.2 心理动词的为动用法

恨 《史记·袁盎晁错列传》：于是景帝默然良久，曰："公言善，吾亦恨之。"——景帝：汉景帝。公：指邓公。恨之：对这件事（晁错被杀）感到悔恨。

患 《左传·宣公二年》：赵盾、士季见其手，问其故而患之。——赵盾、士季看到被杀的宰夫的手，询问此事的原因，并为此事忧虑。

悔 《史记·夏本纪》：桀谓人曰："吾悔不遂杀汤于夏台，使至此。"——悔不遂杀汤于夏台：因为没有立即在夏台杀掉商汤而后悔。

惑 《战国策·秦策五》：臣窃惑王之轻齐易楚而卑畜韩也！——我私下里对大王轻视齐国、楚国而谦养韩国感到迷惑。

惧 《左传·文公三年》：晋人惧其无礼于公也，请改盟。——晋国人为他们曾经对鲁文公无礼而感到恐惧，请求改订盟约。

昧 《三国志·魏书·王昶传》：而循覆车滋众，逐末弥甚，皆由惑当时之誉，昧目前之利故也。——惑当时之誉：为当时之誉迷惑。昧目前之利：因眼前之利糊涂。

图 《左传·成公三年》：二国图其社稷，而求纾其民。——图其社稷：为自己的国家打算。纾其民：解除人民的痛苦。

4.2.3 存变动词的为动用法

病 《史记·魏公子列传》：日夜为乐饮者四岁，竟病酒而卒。——病酒：因饮酒过度而病。

立 《左传·襄公十四年》：天生民而立之君，使司牧之，勿使失性。——立之君：为他们设置国君。司牧之：指统治他们。勿使失性：不让他们失去天性。

树　《左传·文公十三年》：天生民而树之君，以利之也。——上天生育了百姓而为他们设立君主，就是用来给他们利益的。利：名词使动用法。

死　《论语·宪问》：桓公杀公子纠，召忽死之，管仲不死。——齐桓公杀了他哥哥公子纠，（公子纠的师傅）召忽为此自杀，（但是公子纠的另一个师傅）管仲却没有因此而自杀。

作　《尚书·泰誓》：天佑下民，作之君，作之师。——上天佑助下民，为他们树立君王，给他们树立师表。

4.2.4　身体动词的为动用法

鼓　《墨子·兼爱中》：昔越王勾践好士之勇，……焚内失火，试其士曰："越国之宝尽在此。"越王亲自鼓其士而进之。士闻鼓音，破阵乱行，蹈火而死者，左右百人有余。越王击金而退之。——内：指寝室。鼓其士而进之：为他的士臣击鼓使他们前进。破阵乱行：打乱了队伍行列。退之：让他们退下来。

哭　《孟子·尽心下》：哭死而哀，非为生者也。——为死者痛哭而悲哀，并不是为了给活着的人看的。死：死者。

夸　《史记·韩长孺列传》：驱驰国中，以夸诸侯。——夸诸侯：向诸侯夸耀。

沐　《史记·外戚世家》：姊去我西时，与我决于传舍中，丐沐沐我，请食饭我，乃去。——去：离开。决：告别。传舍：供旅客暂宿的房屋。丐沐沐我：乞讨米汁为我洗发。丐，乞求。第一个"沐"，米汁。第二个"沐"，动词为动用法。饭我：给我饭吃。

泣　《左传·襄公二十二年》：君三泣臣矣，敢问谁之罪也？——三泣臣：三次向下臣哭泣。

誓　《左传·隐公元年》：遂置姜氏于城颍，而誓之曰：

"不及黄泉，无相见也。"——于是郑庄公就把姜氏安置在城颍，向她发誓说："不到黄泉不要相见了。"置：放置，安顿，这里有放逐的意思。姜氏：郑庄公之母。城颍：地名。黄泉：地下的泉水，这里指墓穴。

叹　《礼记·礼运》：昔者仲尼与于蜡宾，事毕，出游于观之上，喟然而叹。仲尼之叹，盖叹鲁也。——与：参加。蜡：周代十二月国君的年终祭祀。宾：此指陪同祭祀的人。观：宗庙门外两旁的高建筑物，又名阙。叹鲁：为鲁国慨叹。

为　《论语·先进》：颜渊死，颜路请子之车为之椁。——为之椁：为他置备外棺。

舞　《战国策·赵策二》：昔舜舞有苗，而禹袒入裸国。——古时舜对着苗人跳舞（以修德教），大禹袒身进入裸人之国（以示亲和）。

谢　《战国策·燕策三》：燕王乃使人让乐毅，且谢之曰："先王举国而委将军，将军为燕破齐，报先王之仇，天下莫不振动，寡人岂敢一日而忘将军之功哉？"——谢之：向他道歉。

揖　《左传·襄公二十六年》：道逆者，自车揖之。——在道路上迎接（外国使者）的，在车中向他们作揖行礼。

报　干宝《搜神记》：吾干将莫邪子也，楚王杀吾父，吾欲报之。——报之：向楚王报仇。

争　《史记·伍子胥列传》：自若未立时，诸公子争立，我以死争之于先王。——若：你。争立：为做王位继承人而相争。争之于先王：为此事同先王争辩。

4.2.5　权势动词的为动用法

请　《左传·僖公三十三年》：文嬴请三帅。——文嬴为三帅请求（释放他们回国）。文嬴：晋襄公之母。三帅：指被晋国俘虏的秦国将领孟明、西乞、白乙。

丧 《史记·滑稽列传》：马病肥死，使群臣丧之。——让群臣给马服丧。

讨 《史记·郑世家》：晋文公与秦缪公共围郑，讨其助楚攻晋者，及文公过时无礼也。——晋文公和秦缪公共同包围了郑国，并且由于郑国帮助楚国攻打晋国，以及晋文公经过郑国时郑国无礼而讨伐它。

4.3 动词用作名词

在我们搜集到的语料中，动词用作名词的用例很少。根据我们的观察，动词用作名词的用例实际上还要多一些。可能搜集语料时我们的注意力主要集中在动词的使动、为动用法上，对动词用作名词的情况有所忽略。这里做一下说明。下面把动词用作名词的用例一并列举如下，不再分类。

死 《左传·襄公二十二年》：吾见申叔，夫子所谓生死而肉骨也。——我进见申叔，这个人就是所谓能使死者复生使白骨长肉的人啊！生死：使死者复活。生，动词使动用法。

生、死 《孟子·梁惠王上》：谷与鱼鳖不可胜食，材木不可胜用，是使民养生丧死无憾也。——粮食和鱼鳖吃不完，木材用不尽，这样便可以使老百姓供养活着的人以及为死了的人办丧事不至于感到什么不满足。憾：遗憾，心感不安。

死、生 《左传·哀公十五年》：事死如生。

死 《孟子·尽心下》：哭死而哀，非为生者也。——为死者痛哭而悲哀，并不是为了给活着的人看的。

死、疾 《史记·伍子胥列传》：勾践食不重味，吊死问疾，且欲有所用之也。——吊死问疾：祭奠死者，慰问病人。

亡、北 贾谊《过秦论上》：秦有余力而制其弊，追亡逐北，伏尸百万。——亡：逃亡。北：败走。

4.4 动词活用情况小结

根据上面的描述，现将动词活用的情况小结如下。

从总的情况来看，动词活用相对简单，只有使动、为动和用作名词三种情况，其中动词用作名词的情况也很少。在动词的使动用法、为动用法这两种活用情况中，动词的使动用法的用例相对比较丰富，而为动用法的用例相对要少一些。

从活用词语的语义分类的情况来看，每个语义小类在不同的活用用法中的情况又有所不同。分述如下：

（1）在动词的使动用法中，位移动词、心理动词、存变动词、身体动词、权势动词这五个小类的活用用例相差不大，既非特别丰富，也不是特别贫乏；其中位移动词、存变动词两个小类的活用用例相对多一些，这种情况可能同使动用法所表示的使动意义有关。使动意义表示一定的意愿、外力使人和事物发生一定的变化。位移动词、存变动词在语义上基本上都表示人和事物在空间和状况上的变化，同使动用法的结果关系较为密切，所以这两个小类的使动用法相对较多一些。

（2）动词的为动用法相对于使动用法来说用例较少，除了身体动词的用例略多一些之外，其他四个小类的用例都不超过十例。这一情况同形容词为动用法表示意义有密切的关系。动词为动用法主要表示一定的主体向一定对象，由于一定的目的和原因发出相应的动作行为，所以身体动词表示的动作行为比较容易进入为动结构，而其他小类的动词进入为动结构的难度较大。

上述对动词活用情况的归纳是我们根据搜集到的语料的状况，并且仅仅根据活用用例的多少所做出的，也没有考虑动词的词频和使用范围，所以上述归纳的情况只能作为对动词活用分析的一个参考。

第五章　词类活用现象的理解机制和手段

5.1　话语理解简析

人们之间的语言交际是一个话语的生成—理解的过程。因此，我们既可以从话语生成的角度来研究语言，也可以从话语理解的角度来研究语言。由于话语的生成和理解并不是一个简单的可逆过程，因而从话语理解的角度去研究语言也许能给我们一些新的启示和发现。

从交际全过程来讲，对于词类活用现象，既然有“活用”，就应该有相应的“活解”。由于我们同古代书面语之间主要是接收者同信息源的关系，因此从话语理解的角度来研究词类活用现象就更具有实际价值。本节试图从话语理解的角度入手，对词类活用现象的理解机制做一探讨。

一般说来，话语理解的过程可分如下步骤：

（1）理解构成话语的成分的意义。

（2）明确各个话语成分在其所在的话语结构中的位置、功能和作用。

（3）确定话语成分之间的各种关系（语法的、语义的、语用的等）。

（4）综合话语诸方面的因素，确定话语成分在具体话语中的变异情况，做相应的调整，形成同时性语义图式，完成话语的理解。

话语成分的意义的理解是话语理解的基础。只有理解了话语成分的意义，我们才能进而判定其间的各种关系。由于语义内容、语义关系相对丰富而语法形式、语法关系相对简单，要用有限的语法形式、语法关系去容纳丰富的语义内容、语义关系，就必然出现同形异构异义、同构异形异义、异构异形同义等情况。例如，“名 + 动”序列可以构成主谓关系（例如“人行”），也可以构成状中关系（例如“虎视江南”）。要判定“名 + 动”之间的关系，我们就必须首先理解“名”“动”两个成分的意义。

仅仅理解话语成分的意义还不足以使我们判定其间的关系，我们还必须把词语组合起来构成的单位放在更大的话语单位之中，结合前后成分，才能判定其间的关系。这一点在歧义（多义）话语单位的理解中表现得尤为明显。因此，要确定话语成分之间的关系，我们还必须明确话语成分在话语结构中的位置及其语境。

理解了话语成分的意义，明确了话语成分在话语结构中的位置，确定了话语成分之间的关系，我们就可以综合诸方面的因素，形成同时性语义图式。

同时性语义图式的形成，并不是把话语成分的意义简单地相加。因为词语组合起来以后，其间就多出了关系，这就是“整体大于部分之和”；并且语言系统中的词语在一定的话语结构中还会产生变异。因此，只有准确地确定词语之间的关系，合理地把握词语在具体话语结构中的变异情况，才能形成完整、合理的语义图式。例如，在“丁壮号哭，老人儿啼”中，“儿啼”之间，在语法上是状中关系，在语义上是状态—动作关系，其中的“儿”就由表人（小孩）变异为表状态（像小孩那样）。这就需要我们根据话语成分的变异情况做相应的调整。这样我们就涉及本节所要讨论的问题：词语在话语中的变异和话语理解过程中的调整机制。

5.2　话语理解的调整机制

在词类活用现象中，词语变异的主要原因，在于语言信息同它所负载的信息之间的矛盾，词语的功能同语法结构的矛盾，词语的意义同语义结构的矛盾，以及语法结构、语义结构对词语的功能、意义的制约作用。

语言本身是一个信息系统。人类在自身的活动和发展中，不断从外界摄取信息，并进行加工、处理，然后用一定的编码体系储存起来，这样就形成了语言系统和其他信息系统（如图像系统）。语言又是一种信息载体，即是说，语言可以传递信息。当语言系统中的词语依据一定的语法规则组合为一定的形式去传递信息时，就成为现实的话语。

语言系统是人们对客观信息进行加工、处理和编码的结果。在这一过程中，包含着思维的分析、综合、概括和抽象。在语言信息与事实信息之间就形成了一定的差别。当人们运用语言去表达主观思想、传递事实信息时，就要采用一定的手段对语言系统中的信码（词语）进行处理（如语法手段和修辞手段的运用），以便使生成的话语能够准确、恰当地传达所要传达的信息。这样，由于语言系统的信息同所要传达的客观信息之间的差别，以及各种语言手段的运用，语言系统中的词语在具体的话语中就会出现各种语义变异，如语义专化、语义变类、语义扩展、语义过滤、语义模糊、语义反转等等。

语言系统中的每一类词都有自己的意义和功能。词语依据自身的意义和功能，在一定条件下相互组合起来，在语法结构中占据不同的位置，充当不同的成分。一般情况下，人们运用词语构成话语时，是根据词语的意义和功能进行选择的。但在某些情况下，人们为了实现某些表达目的，比如追求信息量，强调突出某些信息，追求新奇价值，简明经济地传达信息等，这种情况下就会构成一些较特殊的结构。这时，词语的意义和功能同语法结构、语义结构的要求之间便出现了矛盾，这样就使语法结构、语义结构具有不完整性和不合理性。例如：

曹子手剑而从之。(《公羊传·庄公十二年》)

在“曹子手剑”这一结构中，“曹子”“手”“剑”都是表示事物的指称性成分。从语法结构上讲，如果看成“主—谓—宾”结构，则缺少具有联系、陈述功能的谓语成分；从语义结构上讲，如果看成“施事—动作部位—动作—受事”结构，则缺少“动作”成分，因而这一结构具有不完整性。如果我们把其中的“手”看作语法结构中的谓语成分和语义结构中的动作成分，则同“手”这一词语的意义和功能相矛盾，因而又具有不合理性。为了保证这一特殊结构的理解，这就需要理解者进行调整。

话语理解过程中对特殊结构的调整主要是依据完整原则和合理原则。所谓完整原则，是指听话人在理解调整后所确定的话语的语法结构、语义结构应该是完整的结构，不应缺少必有成分。所谓合理原则，是指听话人在理解调整后所确定的语法结构、语义结构应与表达者相一致。而理解调整的主要依据是语法结构对词语功能的规定性，语义结构对词语意义的制约作用，语境对话语意义的限定作用和词语之间的语义组配关系、联想关系。

语法结构对词语的功能和意义的实现具有规定作用。同一个词语，当它处于语法结构中的不同位置上时，它的功能是不同的，意义也发生相应的变化。语法结构中的位置，是词语的功能和意义借以实现的条件。语法结构中的不同位置的功能，是由整个语法结构所规定的。例如，在句子中，主语、宾语的主要功能是指称；定语、状语的主要功能是修饰、限定；谓语、述语、补语的主要功能是陈述、联系。与此相应，语言系统中各类词语的主要功能也有所不同，例如，体词的主要功能是指称，谓词的主要功能是陈述，饰词的主要功能是修饰，等等。但是，当词语出现在具体话语的语法结构中的不同位置上时，语法结构就对词语的功能进行强制性的规定。所以，当名词出现在状语位置上时，便具有修饰功能，出现在谓语、述语位置上时，便具有陈述、联系功能；当形容词出现在主语、宾语位置上时，便具有指称功能，出现在述宾结构的述语位置上时，便具有联系功能，等等。

如前所述，由于“词类活用”构成的是一种不完整、不合理的结构，人们在理解这类特殊结构时，要依据完整性、合理性原则对其构成成分进行多种排列组合，然后加以选择，确定其间的关系，然后加以调整。例如，“老人儿啼”至少有如下两种完整的排列组合：

a. 老人儿/啼（老人小孩啼哭）

b. 老人/儿啼（老人像小孩那样啼哭）

但根据语境的诸因素进行分析，b 排列不但具有结构、意义的完整性，而且也具有合理性。因而“儿啼”应为状中结构。由于“儿”处于状语位置上，根据语法结构对词语功能的规定作用，“儿”的功能应为修饰；根据语义组配关系，修饰“啼”的“儿”应为表状态成分（非工具成分或方式成分）。因而应把“儿”的人和事物意义调整为状态意义。

再如，“曹子手剑”可有如下排列：

a. 曹子/手/剑

b. 曹子手/剑

c. 曹子/手剑

根据词语的意义和功能来理解，上述三种排列均为不完整结构。若要使它们成为完整结构，我们就必须根据语法结构、语义结构把其中的某一成分加以调整，使它们具有联系、陈述成分。这样，我们可能得到以下几种结果：

a. 曹子/手/剑（曹子拿着剑）
b. 曹子手/剑（曹子的手拿着剑）
c. 曹子/手剑（曹子用手拿着剑）

a调整是把“手”由表示“动作部位”调整为表示“动作”，b调整是把“剑”由表示“受事”扩展为“动作+受事”（比较“秦伯素服郊次”中的“素服”），c调整是把“手”由表示“动作部位”扩展为“动作部位+动作”。根据语境诸因素分析，c调整应该最为合理。

对话语的理解调整，还要根据词语之间的语义组配关系和联想关系。

语言系统中各类词语之间都具有一定的语义组配关系。例如，现代汉语中的“动+名”组合有一定限制，如“喝—水”“抽—烟”“戴—帽子”“穿—鞋子”等等。这种词语间的语义组配关系对于我们的理解调整有着重要作用，具体的话语的语义结构是以语义组配关系为依据进行调整而最后形成的。例如：

A
a. 驴不胜怒，蹄之。
b. 从左右，皆肘之。
c. 范增数目项王。
B
a. 大匠不斫，大庖不豆。
b. 宗庙之事，如会同，端章甫，愿为小相焉。
c. 军垒成，秦人闻之，悉甲而至。

在理解A组句子时，根据完整性、合理性原则，我们可以首先确定其中的“蹄”“肘”“目”为调整成分。然后根据词语之间的语义组配关系确定具体调整。作为表示人或动物身体部分的词语，它们同相应的动作词语的语义组配情况大致如下：

蹄——踢、踏、弹……

肘——触、抵、捣……

目——视、睹、示意……

再根据具体的语境，我们就可以确定这些成分具体的扩展情况：

蹄——用蹄子踢

肘——用肘触

目——用眼睛示意

同理，根据词语间的语义组配关系和具体的语境，B 组句子中的调整成分的扩展情况如下：

豆——设豆（摆设豆器）

端章甫——冠端、服章甫（戴礼帽、穿礼服）

甲——披甲

以上我们简单论述了话语理解过程中的理解调整。实际上，词语在话语中的变异是多种多样的，理解调整的机制、程序也可能复杂得多。所以，从交际全过程来看，“词类活用”涉及以下两个方面：

从话语生成的角度来讲，是发送者以实现表达目的为控制原则，根据语言结构对词语的意义、功能的规定制约作用，用词语构成异常结构，置于一定的语境之中，控制词语的意义按一定方式、向一定方向发生变异，表达出预期的语义内容。这可称为“活用”。

从话语理解的角度来讲，则是接收者依据完整性、合理性原则，根据语言结构对词语的意义、功能的规定制约作用，根据语境对话语意义的限制作用，根据词语间的语义组配关系和联想关系，对话语中的异常结构进行调整，以形成完整、合理的话语结构，实现话语的理解。这可称为“活解”。

5.3　词类活用理解的调整手段

理解含有词类活用情况的语句时，主要的语义调整手段就是语义扩展和结构变换。

5.3.1　语义扩展

语义扩展是理解含有词类活用情况的语句时最重要的语义——句法调整手段。所谓语义扩展，就是根据具体的话语的语法结构和语义结构，把其中因活用而产生语义变异的成分的意义进行扩展，把单一的意义扩展为复合意义或复合语义框架，使话语的语义结构成为完整、合理的语义结构。

我们先来看名词活用中的语义扩展。例如：

a.《左传·襄公三十三年》：秦伯素服郊次。
b.《史记·周本纪》：公刘卒，子庆即位，国于豳。
c.《左传·僖公二十三年》：公子怒，欲鞭之。
d.《墨子·贵义》：南之人不得北，北之人不得南。

a 例中的活用名词是用物名词“素服”，在例句中语义扩展为“动作 + 受事”（素服——着素服）。b 例中的活用名词是建造物名词“国”，在例句中语义扩展为“行为 + 结果”（国——建国）。c 例中的活用名词是凭借物名词“鞭”，在例句中语义扩展为“工具 + 动作”（鞭——用鞭子击打）。d 例中的活用名词是方位名词“北、南”，在例句中语义扩展为“行为 + 终点”（北、南——到北方、到南方）。

形容词活用中也存在着语义扩展情况。例如：

a. 陆贽《奉天请罢琼林大盈二库状》：玄宗悦之，新是二库。

b. 《左传·宣公十二年》：事之不捷，恶有所分，与其专罪，六人同之，不犹愈乎？

c. 《韩非子·五蠹》：故明主必其诛也。

d. 《孟子·梁惠王上》：谨庠序之教，申之以孝悌之义。

a 例中的活用形容词是表示时间的度量形容词“新”，在例句中语义扩展为“时间 + 行为”（新——新建）。b 例中的活用形容词是方式形容词“同、专”，在例句中语义扩展为“方式 + 行为”（专——独自承担；同——共同担当）。c、d 两例中活用形容词是态度形容词“必、谨”，在例句中语义扩展为“态度 + 行为”（必——坚决执行；谨——谨慎地对待）。

5.3.2　结构变换

结构变换也是理解含有词类活用情况的语句时最重要的“语义·句法”调整手段。在词类活用现象中，不仅有词汇语义的变异，而且还有句法语义的变异。所谓结构变换，就是根据具体的话语的语法结构和语义结构，把其中因活用而产生的语法意义的变异通过句法结构的变换表示出来，把原来的活用结构变换为相对应的句法结构，使话语的语义表达更为明白、合理。

我们来看下面的两个活用实例：

a. 《说苑·权谋》：曲其埃，远其积薪；不者，将有火患。

b. 《左传·哀公七年》：鲁弱晋而远吴，冯恃其众，而背君之盟。

上面两个例子中的“远其积薪”“远吴”都是活用的述宾结构，但是两者是性质不同、意义不同的述宾结构。“远其积薪”

表示的意义是“把积薪移远一些”，而“远吴”表示的意义是“认为吴国（离鲁国）很远”。两者的区别可以通过结构变换显示出来：

远其积薪→使其积薪远→把积薪移远

远吴→以吴为远→认为吴国远离鲁国

通过上例可以看出，结构变换不仅有助于词类活用现象的理解，而且有助于准确地理解词类活用现象。实际上，结构变换手段在词类活用现象的理解中是普遍使用的。在词类活用现象中，除了不及物用法的理解之外，其他的词类活用用法的理解基本上都要运用结构变换手段。语义扩展和结构变换这两种手段经常结合起来使用。这实际上也是一种理解手段，一种复合性的理解手段。

5.3.3　语义扩展+结构变换

先看下面这个实例：

《战国策·齐策一》：（秦）举齐，属之海，南面而孤楚、韩、梁，北向而孤燕、赵。

上例中的活用名词是身份名词“孤”，在例句中语义扩展为“行为+身份”（孤——称孤）。但是，“孤”的语义扩展后形成的句法结构是“称孤楚、韩、梁”（述语+宾语+宾语/补语），依然具有句法上的不合理性。如果说“称孤楚、韩、梁”是一个双宾结构（把“楚、韩、梁”看成远宾语），但是“称孤”的“称”并不是双宾动词；如果说“称孤楚、韩、梁”是一个“述+宾+补”结构（把“楚、韩、梁”看成补语），汉语中目前还没有发现名词性成分做补语的用例。所以说，语义扩展后形成的“称孤楚、韩、梁”虽然语义结构相对完整（行为、身份、对象），但仍然具有结构上的不合理性。为了使“称孤楚、韩、梁”具有结构的合理性，我们可以进行相应的句法变换。例如：

变换一：称孤楚、韩、梁→称孤于楚、韩、梁

变换二：称孤楚、韩、梁→对楚、韩、梁称孤

变换后的句法结构都具有句法上的合理性。

再看下面这个实例：

《老子》：小国寡民，使有什伯之器而不用，使民重死而不远徙。

根据语境的诸因素，可以确定上例中的“小国寡民”是使动述宾结构，其中的“小、寡”是使动用法，“小国寡民”可以变换为使令兼语结构“使国家狭小，使人民寡少”；也可以使用词语替代的手段，把使动意义具体化，例如，“缩小国家，减少人民”；也可以变换为“把”字结构，例如“把国家缩小，把人民减少”。

通过上例的分析，我们再一次看到：结构变换是完整、合理地理解词类活用现象的基本手段。

在以后的描述中，我们会看到语义扩展和结构变换的多种类型，也会看到两者结合的多种情况。

5.3.4 语义成分简说

在对词类活用现象进行语义分析之前，我们有必要先简单介绍一下用于语义分析的语义成分系统。

这个语义成分系统是借鉴于格语法的语义格系统。语义格系统是以句子中的谓语动词为核心建立起来的。

语义格分析把一个句子表示的语义叫作一个“事件”。语义格分析的基本原则是“谓语动词核心论”，即在一个句子中，谓语动词表示的动作行为是整个事件的核心，而句子中的其他成分根据它们同动作行为的关系具有不同的性质，这个性质就是格性

质，也就是成分的语义性质。

词类活用现象在某种意义上说，也是基于“动词中心论”而确定的。我们可以看一看词类活用类型的命名，如名词用为不及物动词、名词用为及物动词、形容词用为及物动词等等。这样看来，用语义格系统对词类活用现象进行分析应该是合适的。

常见的用于句子语义分析的语义成分如下：

施事：动作行为的发出者或事物。

变事：变化、联系的人和事物。

受事：动作行为的承受者或事物。

对象：动作行为的面对者或事物。

与事：给予的对象；帮助服务的对象。

同事：行为、关系的参与者或协同者。

属事：具有领有或归属关系的人或事物。

结果：动作行为产生的事物或状况；动作行为的结论。

工具：动作行为所凭借的用具、用物、依据。

方式：动作行为发出的方式、方法或状态。

处所：动作行为的现场、位置、起点、途径、终点、方向、目标。

原因：动作行为发出的缘由。

目的：动作行为要达到的结果。

上面列举出来的语义成分是比较重要的、常用的，而不是全部。此外还有一个问题需要说明一下，那就是兼事问题。所谓兼事，指的是具有双重语义性质的成分。兼事成分的出现，主要原因是汉语中的使动结构和意动结构。例如：

a.《战国策·赵策三》：鄂侯争之急，辨之疾，故脯鄂侯。

b.《荀子·礼论》：故王者天太祖，诸侯不敢坏。

上面 a 例中“脯鄂侯”表示的意思是“使鄂侯为脯”（把鄂

侯做成肉干)。其中的“鄂侯”既是使令处置意义的受事，又是变化的人（成为肉干)，所以“鄂侯”兼有“受事·变事”双重语义性质，是一个兼事成分。b 例中的“天太祖”表示的意思是“以太祖为天”（把太祖看作天)。其中“太祖”既是看待行为的对象，和看待的结果“天”也有联系关系，所以“太祖”也是一个兼有“对象·结果”双重语义性质的兼事成分。

第六章　名词活用的语义分析

名词活用现象也许是词类活用中最复杂的一种，它包括名词活用为不及物动词和名词活用为及物动词的一般用法、使动用法、意动用法、为动用法等等。显然，对名词活用现象的语义分析不可能一概而论。我们将对名词活用现象逐类进行语义分析。

如果从表达的角度来说，语义扩展是词类活用中最常见的语义变异情况；如果从理解的角度来说，语义扩展又是话语理解中最重要的语义调整手段。这种调整手段是根据具体的话语的语法结构和语义结构，把其中因活用而产生语义变异的成分的意义进行扩展，把单一的意义扩展为复合意义或复合语义框架，使话语的语义结构成为完整、合理的结构。

名词本来表示人和事物、名称身份、方位时间等，在进入具体的语句后，在句法结构和句中诸成分的制约作用下，会在语义上发生临时性变异，出现语义扩展现象，在名词原有意义的基础上扩展出相应的动作、行为、变化等语义。活用名词的语义扩展后，其自身的意义又在扩展后的语义结构中充当具体的语义成分，如施事、受事、变事、工具、结果等，从而形成“动作行为 + 受事”“行为变化 + 变事”等这样的语义结构。

6.1　名词用为不及物动词用法的语义分析

名词用为不及物动词的用法基本上不涉及结构变换方面的问题，而主要是语义扩展情况，或者说，名词用为不及物动词用法中表现了名词活用最基本的语义扩展情况。因此，通过名词用为不及物动词用法的语义分析，可以归纳出名词活用的语义扩展的基本类型。

根据活用名词在语义扩展前后的语义变化和形成的语义结构的不同，语义扩展可以分为如下五种类型。

1. 人、物→行为变化＋变事

在这类语义扩展中，活用名词根据自身的语义扩展出相应的行为、变化意义，行为意义主要是表示充当、担任行为的意义，变化意义主要是身份、状况的变化；活用名词自身的意义在扩展后的语义结构中充当动作、变化的人和事物，扩展后的语义结构是“行为变化＋变事”。这类语义扩展情况主要出现在身份名词和自然物名词两个小类的活用中，其他小类中也有一些个别的用例。

在下面的分析中，我们在每个用例后指出语义扩展的具体情况，除个别情况外，语言上的分析一般从略。

我们先来看身份名词不及物用法中的语义扩展情况。

霸　《孟子·公孙丑下》：桓公之于管仲，学焉而后臣之，故不劳而霸。——霸→成为霸主。

臣　《韩非子·五蠹》：鲁哀公：下主也，南面君国，境内之民，莫敢不臣。——臣→称臣。

帝　《战国策·赵策》：且秦无已而帝，则且变易诸侯之大臣。——帝→称帝。

夫　《左传·昭公元年》：女自房观之，曰：“子皙信美矣，抑子南夫也！”——夫→是大丈夫。

将　《史记·廉颇蔺相如列传》：及括将行，其母上书言于王曰：“括不可使将。”——将→为将。

君　《论语·颜渊》：齐景公问政于孔子。孔子对曰：“君君，臣臣，父父，子子。”——君君→君是君。“臣”“父”

“子”用法同“君”。

圣　《论语·子罕》：固天纵之将圣，又多能也。——圣→成为圣人。

王　《商君书·更法》：三代不同礼而王，五代不同法而霸。——王→为王。

相　《战国策·秦策一》：故苏秦相于秦，而关不通。——相→为相。

友　《战国策·齐策四》：不友乎诸侯。——友→交友。

质　《战国策·秦策五》：秦子异人质于赵。——质→为质。

主　《庄子·天道》：下有为也，上亦有为也，是上与下同道，上与下同道则不主。——主→成为君主。

我们再来看自然物名词中语义扩展的情况。

冰　《墨子·非攻下》：夏冰，地坼及泉。——冰→结冰。

材　《左传·哀公十一年》：櫝可材也，吴其亡乎！——材→成材。

翅　《韩非子·喻老》：有鸟止于南方之阜，三年不翅不飞不鸣。——翅→展翅。

风　苏轼《教战守策》：风则袭裘，雨则御盖。——风→刮风。雨→下雨。

根　《孟子·尽心上》：仁义礼智根于心，其生色也睟然。——根→扎根。

花　《汉书·惠帝纪》：五年冬十月，雷，桃李花，枣实。——雷→打雷。花→开花。实→结实。

火　《左传·昭公十八年》：宋、卫、陈皆火。——火→出现火灾。

烬　胡三省《新注资治通鉴序》：侯景之乱，王僧辩平建业，与文德殿书七万卷俱西，江陵之陷，其书烬焉。——烬→化为灰烬。

器 《论语·为政》：子曰："君子不器。"——器→如器（像器具那样，只有一定的用途）。

实 《论语·子罕》：秀而不实者，有矣夫！——实→结实。

水 《荀子·富国》：高者不旱，下者不水，寒暑和节。——水→发生水灾。

天 《韩非子·大体》：上不天则上不遍覆，心不地则物不毕载。——天→如天（像天一样广大）。地→似地（像地一样广阔）。

蚓 《孟子·滕文公下》：若仲子者，蚓而后充其操者也。——蚓→变为蚯蚓。

墟 《史记·越王勾践世家》：子胥言曰："王不听谏，后三年吴其墟乎！"——墟→成为废墟。

雨 《庄子·在宥》：云气不待族而雨，草木不待黄而落。——雨→形成雨露。

雨 《战国策·魏策一》：文侯与虞人期猎，是日饮酒乐，天雨，文侯将出。左右曰："今日饮酒乐，天又雨，公将焉之？"——雨→降雨。

2. 人、物→动作行为＋受事

在这类语义扩展中，活用名词根据自身的语义扩展出相应的动作行为意义，动作行为意义主要是表示支配、处置意义，活用名词自身的意义在扩展后的语义结构中充当受事，扩展后的语义结构是"动作行为＋受事"。这类语义扩展情况主要出现在凭借物名词中的用物、制物名词和施与物与谋求物名词的活用中，其他小类中也有一些个别的用例。

蚕 《吕氏春秋·上农》：后妃率九嫔蚕于郊，桑于公田。——蚕→养蚕。桑→采桑。

车　张岱《西湖七月半》：不舟不车，不衫不帻。——舟、车→乘船、乘车。衫、帻→着衣衫、戴头巾。

刍荛　《孟子·梁惠王下》：文王之囿方七十里，刍荛者往焉，雉兔者往焉。——刍荛、雉兔→打柴草、猎雉兔。

床　《左传·襄公二十一年》：方暑，阙地下冰而床焉。——床→安放床铺。

德　《左传·襄公三十一年》：若天所启，其在今嗣君乎！甚德而度。——德、度：有德、有度。

德　《战国策·秦策二》：大王苟能闭关绝齐，……则是北弱齐，西德于秦。——德→施德。

福　《战图策·齐策五》：小国道此，则不祠而福矣。——福→得福。

豆　《吕氏春秋·贵公》：大匠不斫，大庖不豆。——豆→设豆（摆设豆器）。

端　《论语·先进》：宗庙之事，如会同，端章甫，愿为小相焉。——端→着玄端（礼服）。章甫→冠章甫（礼帽）。

谷　《左传·成公十六年》：晋入楚军，三日谷。——谷→食谷（吃敌方的军粮）。

馆　《左传·僖公二十八年》：晋师三日馆谷，及癸酉而还。——馆→宿馆（住敌方的军营）。

甲　柳宗元《段太尉逸事状》：（郭）晞一营大噪，尽甲。——甲→披甲。

阶　《论语·子张》：夫子之不可及也，犹天之不可阶而升也。——阶→登阶。

介　《左传·哀公十五年》：孔伯姬杖戈而先，大子与五人介。——介→披甲。

军　《左传·桓公五年》：祝聃射王中肩，王亦能军。——军→指挥军队。

门 《左传·文公十五年》：一人门于句鼆，一人门于戾丘，皆死。——门→守门（守城门）。

门 《左传·襄公二十五年》：十二月，吴子诸樊伐楚，以报舟师之役。门于巢。——门→攻门（攻打城门）。

辇 《史记·张释之冯唐列传》：（冯）唐事文帝。文帝辇过。——辇→乘辇。

农 晁错《论贵粟疏》：贫生于不足，不足生于不农。——农→务农。

齐语 《孟子·滕文公下》：有楚大夫于此，欲其子之齐语。——齐语→学齐语。

琴 《孟子·万章上》：象往入舜宫，舜在床琴。——琴→弹琴。

容 司马迁《报任少卿书》：士为知己用，女为悦己容。——容→打扮容貌。

桑 《吕氏春秋·上农》：后妃率九嫔蚕于郊，桑于公田。——蚕→养蚕。桑→植桑。

尸 《左传·襄公二十二年》：三日，弃疾请尸，王许之。——尸→收尸。

师 《左传·僖公二十五年》：秦伯师于河上。——师→驻师（驻扎军队）。

师 《战国策·燕策一》：数战则民劳，久师则兵弊。——师→劳师（用兵）。

室 《韩非子·外储说右下》：乃令男子年二十而室，女年十五而嫁。——室→娶妻室。

轼 《礼记·檀弓下》：孔子过泰山侧，有妇人哭于墓者而哀。夫子轼而听之。——轼→扶轼。

税 《孟子·公孙丑上》：耕者，助而不税，则天下之农皆悦。——税→征税。

素服　《左传·襄公三十三年》：秦伯素服郊次。——素服→着素服。

梯　《资治通鉴·唐宪宗元和十二年》：（吴）元济于城上请罪，（李）进城梯而下之。——梯→架梯。

物　《庄子·在宥》：有大物者，不可以物，物而不物，故能物物。——物（而不物）→拥有物（而不以为己物）。

席　《左传·宣公十二年》：赵旃夜至于楚军，席于军门之外。——席→铺席。

薪　《论衡·书虚》：当夏五月，有披裘而薪者。——薪→伐薪。

衣　《庄子·马蹄》：彼民有常性，织而衣，耕而食。——衣→穿衣。

3. 人、物→动作行为＋结果

在这类语义扩展中，活用名词根据自身的语义扩展出相应的动作行为意义，动作行为意义主要是表示支配、处置意义，活用名词自身的意义在扩展后的语义结构中充当动作行为的结果成分，扩展后的语义结构是“动作行为＋结果”。这类语义扩展情况主要出现在建造物和凭借物名词中的制作物名词的活用中，其他小类中也有一些个别的用例。

邦　《墨子·非攻下》：越王繄亏，出于有遽，始邦于越。——邦→立邦。

巢　《庄子·逍遥游》：鹪鹩巢于深林，不过一枝。——巢→结巢。

陈　《左传·成公二年》：癸酉，（晋）师陈于鞍。——陈→布阵。陈，同“阵”。

城　《左传·僖公十九年》：梁伯好土功，亟城而弗处，民罢而不堪。——城→筑城。

功　《荀子·君道》：故天子不视而见，不听而聪，不虑而知，不动而功。——功→建功。

沟 《左传·定公元年》：秋七月癸巳，葬昭公于墓道南。孔子之为司寇也，沟而合诸墓。——沟→挖沟。

国 《史记·周本纪》：公刘卒，子庆节立，国于豳。——国→建国。

庐 《三国志·魏书·管宁传》：（管宁）既往见（公孙度），乃庐于山谷。——庐→结庐。

隧 《左传·隐公元年》：若阙地及泉，隧而相见，其谁曰不然？——隧→挖掘隧道。

腊 《韩非子·难言》：翼侯炙，鬼侯腊。——腊→制腊（制成干肉）。

穴 《左传·襄公二十三年》：夫鼠，昼伏夜动，不穴于寝庙，畏人故也。——穴→穿穴。

砚 柳宗元《柳州山水近治可游记》：其壁曰龙壁，其下多秀石，可砚。——砚→制砚。

邑 《孟子·梁惠王下》：（大王）去邠，踰梁山，邑于岐山下居焉。——邑→建邑。

战功 《韩非子·五蠹》：不战功而尊，则谓之贤。——战功→建立战功。

4. 事物→工具＋动作行为

在这类语义扩展中，活用名词根据自身的语义扩展出相应的动作行为意义，动作行为意义主要是表示支配、处置意义，活用名词自身的意义在扩展后的语义结构中充当动作行为的工具成分，扩展后的语义结构是“工具＋动作行为”。这类语义扩展情况在名词不及物用法中用例不多，主要出现在凭借物名词中的工具名词的活用中。

笔 《史记·孔子世家》：至于为《春秋》，笔则笔，削则削，子夏之徒不能赞一辞。——笔→用笔记载。

火　韩愈《原道》：周道衰，孔子没，火于秦。——火→用火焚烧。

木　薛瑄《游龙门记》：顶有临思阁，以风高不可木。——木→用木料建造。

黔　《庄子·天运》：夫鹄不日浴而白，乌不日黔而黑。——黔→用黑色染。黔，黑色。

权　《孟子·梁惠王上》：权，然后知轻重。——权→用权称量。

5. 方位→动作行为 + 处所

在这类语义扩展中，活用名词根据自身的语义扩展出相应的动作行为意义，动作行为意义主要是表示位移意义，活用名词自身的意义在扩展后的语义结构中充当位移行为的处所成分，扩展后的语义结构是“动作行为 + 处所”。这类语义扩展情况主要出现在方位地理名词的活用中。

北　《墨子·贵义》：南之人不得北，北之人不得南。——北、南→到北方、到南方（行为 + 目标）。

北　《吕氏春秋·孟春纪》：獭祭鱼，候雁北。——北→往北飞（行为 + 方向）。

鄙　《左传·庄公二十八年》：夏，使太子居曲沃，重耳居蒲城，夷吾居屈。群公子皆鄙，唯二姬之子在绛。——鄙→封在鄙（边邑）（行为 + 位置）。

东　《左传·僖公三十二年》：秦师遂东。——东→向东行进（行为 + 方向）。

后　《韩非子·喻老》：赵襄主学御于王子期，俄而与子期逐；三易马而三后。——后→落在后面（行为 + 位置）。

界　《史记·匈奴列传》：于是匈奴得宽，复稍度河南，与中国界于故塞。——界→交界（状况 + 位置）。

郊　《孟子·告子上》：牛山之木尝美矣，以其郊于大国也，斧斤伐之，可以为美乎？——郊→长于郊（状况 + 位置）。

境 《战国策·魏策一》：（魏）南与楚境，西与韩境，北与赵境，东与齐境。——境→接境（状况 + 位置）。

腊 《左传·僖公五年》：宫之奇以其族行，曰：“虞不腊矣。”——腊→及腊（等到腊祭）（位移 + 时点）。

门 《左传·襄公二十五年》：巢牛臣曰：“吴王轻而勇，若启之，将亲门。”——门→进城门（行为 + 途径）。

年 《左传·昭公元年》：神怒民叛，何以能久？赵孟不复年矣。——年→度年（度过年关）（行为 + 时点）。

前 《史记·高祖本纪》：（高祖）乃前，拔剑击斩蛇。——前→走上前（行为 + 方向）。

前 《史记·商君列传》：卫鞅复见孝公。公与语，不自知膝之前于席也。——前→向前移（行为 + 方向）。

水 《荀子·劝学》：假舟楫者，非能水也，而绝江河。——水→游于水（在河流中游）（行为 + 现场）。

西 《史记·项羽本纪》：项王乃西。——西→向西进发（行为 + 方向）。

下 《韩非子·外储说右下》：临渊而摇木，鸟惊而高，鱼恐而下。——下→下潜（行为 + 方向）。

先 《左传·宣公二年》：会请先，不入，则子继之。——先→先进谏（行为 + 位置）。

中 《史记·范雎蔡泽列传》：日中则移，月满则亏。——中→到天中（行为 + 位置）。

左 《韩非子·外储说左下》：寡人将立管仲为仲父，善者入门而左，不善者入门而右。——左、右→立于左、立于右（行为 + 位置）。

下面几例不易归类，另做分析：

风 《孟子·公孙丑下》：寡人如就见者也，有寒疾，不可以风。——风→吹风。

天　《左传·襄公二十三年》：我实不天，子无咎焉。——天→天佑。

上两例中活用名词的语义扩展情况是：施事＋行为。

尔汝　黄宗羲《柳敬亭传》：其市井小人昔与敬亭尔汝者，从道旁私语："此故吾侪同说书者也，今富贵若此。"——尔汝→以尔汝呼之。

上例中活用名词的语义扩展情况是：方式＋行为。

馆　《孟子·尽心下》：孟子之滕，馆于上宫。——馆→住。

上例中活用名词的语义变异是语义变类，可表示为：处所→行为。

6.2　名词用为及物动词一般用法的语义分析

在名词用为及物动词一般用法中，活用名词的语义扩展情况和名词用为不及物动词用法的情况基本相同，但是名词及物一般用法的理解还涉及述宾结构的语义理解问题。因此，名词用为及物动词一般用法的理解还需要运用结构变换的手段。只有把语义扩展和结构变换两种手段结合起来，才能更好地理解名词及物一般用法中的活用情况。

在名词及物一般用法中，一方面活用名词根据自身的语义扩展出相应的动作；另一方面，活用名词扩展后的语义和宾语的语义又形成了一定的语义结构，因此，为了构成合理的语法结构，在表达形式上还要经过一定的调整、变换，这样才能保证对活用现象的准确理解。

1. 述（名）＋宾→行为＋变事＋处所

在这类活用中，活用名词根据自身的语义扩展出相应的充任行为意义和变化意义，活用名词自身的意义在扩展后的语义结构中充当变事成分，同宾语的语义合为“行为＋变事＋处所”的语义结构。这一语义结构还需要调整变换为合理的语法形式。举例如下：

《庄子·秋水》：惠子相梁，庄子往见之。

上例中的“相梁”语义扩展后为“为相梁”，其语义结构为“行为＋变事＋处所”。这一语义结构可以表现为如下语法形式：

a. 为相梁→为相于梁（述＋宾＋补）

b. 为相梁→于梁国为相（状＋述＋宾）

c. 为相梁→为梁国之相（述＋定＋宾）

在下面的分析中，我们在每个用例后直接写出语法结构调整变换的具体情况，语言上的分析从略。

这类活用情况主要出现在身份名词小类中。下面是活用的实例。

表　《左传·襄公十四年》：昔伯舅大公，右我先王，股肱周室，师保万民，世胙大师，以表东海。——表东海→立表于东海→为东海之表→为东海地区做表率。

君　《左传·桓公二年》：君人者将昭德塞违，以临照百官。——君人→为人君。

母　《史记·淮南衡山列传》：及厉王母已生厉王，恚，即自杀。吏奉厉王诣上，上悔，令吕后母之。——母之→为之母→做他的母亲。

王　《史记·高祖本纪》：吾与诸侯约：先入关者王之。吾当王关中。——王关中→称王于关中→于关中称王→为关中王。

正　《墨子·亲士》：昔者文公出走而正天下，桓公去国而霸诸侯。——正天下→为天下正→为天下为正。

质　《史记·齐太公世家》：晋伐齐，齐以公子强质晋，晋兵去。——质晋→为质于晋→于晋为质→为晋国质。

2. 述（名）+宾→行为+变事+对象

在这类活用中，活用名词根据自身的语义扩展出相应的充任行为意义和变化意义，活用名词自身的意义在扩展后的语义结构中充当变事成分，同宾语的语义合为“行为+变事+对象”语义结构。这一语义结构的调整变换情况可以看下面这个例子：

《战国策·赵策二》：禹无百人之聚，以王诸侯。

上例中的“王诸侯”语义扩展后为“为王诸侯”，其语义结构为“行为+变事+对象”。这一语义结构可以表现为如下语法形式：

a. 为王诸侯→对诸侯称王（状+述+宾）

b. 为王诸侯→为诸侯之王（述+定+宾）

这类活用情况主要出现在身份名词小类中。下面是活用的实例。

党　马中锡《中山狼传》：且鄙人虽愚，独不知夫狼乎？性贪而狠，党豺为虐。——党豺→与豺结党。

敌　《荀子·王制》：夺之与者友诸侯，夺之地者敌诸侯。——友诸侯→与诸侯为友。敌诸侯→与诸侯为敌。

孤　《战国策·齐策一》：（秦）举齐，属之海，南面而孤楚、韩、梁，北向而孤燕、赵。——孤楚、韩、梁→向楚、韩、梁称孤。孤燕、赵→向燕、赵称孤。

友　《荀子·性恶》：得贤师而事之，则所闻者尧舜禹汤之道也；得良友而友之，则所见者忠信敬让之行也。——友之→与良友交友。

长　《战国策·楚策》：天帝使我长百兽。——长百兽→为百兽长。

3. 述（名）+宾→行为+方式+受事

在这类活用中，活用名词根据自身的语义扩展出相应的称说、处置行为意义，活用名词自身的意义在扩展后的语义结构中充当方式成分，同宾语的语义合为“行为+方式+受事”语义结构。这一语义结构的调整变换情况可以看下面这个例子：

《史记·秦本纪》：初，（秦）缪公亡善马，岐下野人共得，而食之者三百余人。吏逐得，欲法之。

上例中的“法之”语义扩展后为“法治之”，其语义结构为“方式+行为+受事”。这一语义结构可以表现为如下语法形式：

a. 法治之→以法治之（状+述+宾）

b. 法治之→治之以法（述+宾+补）

这类活用情况主要出现在身份名词和凭借物名词小类中。下面是活用的实例。

尔汝　《魏书·陈奇传》：游雅常众辱（陈）奇，或尔汝之，或指为小人。——尔汝之→以尔汝呼之→呼之以尔汝→呼之尔汝。

客　《史记·孟尝君列传》：孟尝君过赵，赵平原君客之。——客之→以宾客待之→待之以宾客。

礼　《左传·襄公七年》：郑僖公之为太子也，于成公十六年，与子罕适晋，不礼焉。——礼焉→以礼待之→待之以礼。

梦　韩愈《柳州罗池庙碑》：（柳侯）尝与其部将魏忠、谢宁、欧阳翼饮酒驿亭，谓曰：“吾弃于时，而寄于此，与若等好也。明年吾将死，死而为神，后三年，为庙祀我。”及期而死。三年孟秋辛卯，侯降于州之后堂，欧阳翼等见而拜之。其夕，梦翼而告曰：……——梦翼→以梦见欧阳翼。

名　《战国策·魏策三》：宋人有学者，三年反而名其母。——名其母→对其母直呼其名→直呼其母之名。

人　《谷梁传·庄公二十八年》：其人卫，何也？以其人齐，不可不人卫也。——人卫→以人称卫侯→称卫侯为人。人齐→以人称齐侯→称齐侯为人。

汝　《隋书·杨伯丑传》：见公卿，不为礼，无贵贱，皆汝之。——汝之→以汝呼之→呼之以汝。

4. 述（名）+宾→行为+处所+受事

在这类活用中，活用名词根据自身的语义扩展出相应的处置行为意义，活用名词自身的意义在扩展后的语义结构中充当受事或处所成分，同宾语的语义合为“行为+处所+受事”语义结构。这一语义结构的调整变换情况可以看下面这个例子：

> 《史记·张耳陈余列传》：汉八年，上从东垣还，过赵，贯高等乃壁人柏人。

上例中的“壁人”语义扩展后为“壁匿人”，其语义结构为“处所+行为+受事”。这一语义结构可以表现为如下语法形式：

a. 壁匿人→匿人于壁（述+宾+补）

b. 壁匿人→以壁匿人（状+述+宾）

c. 壁匿人→于壁中匿人（状+述+宾）

这类活用情况的实例如下。

表　《吕氏春秋·察今》：荆人欲袭宋，使人先表澭水。——表澭水→立表于澭水→于澭水中立表。

馆　《礼记·儒行》：孔子至舍，哀公馆之。——馆之→适馆视之→视之于馆。

祸　《三国志·魏书·傅嘏传》：昔夫差陵齐胜晋，威行中国，终祸姑苏。——祸姑苏→罹祸于姑苏→于姑苏罹祸。

利　《左传·宣公十二年》：利人之几，而安人之乱，以为己荣，何以丰财？——利人之几→取利于他人之机→于他人之机中取利。

尸　《三国志·魏书·董卓传》：诛杀卓者，尸王允于市。——尸王允→陈王允之尸。

腰　宋濂《送东阳马生序》：同舍生皆被绮绣，戴朱缨宝饰之帽，腰白玉之环。——腰白玉之环→腰间佩白玉之环→佩白玉之环于腰。

5. 述（名）+宾→行为+结果+处所

在这类活用中，活用名词根据自身的语义扩展出相应的建造行为意义，活用名词自身的意义在扩展后的语义结构中充当结果成分，同宾语的语义合为"行为+结果+处所"的语义结构。这一语义结构的调整变换情况可以看下面这个例子：

《史记·项羽本纪》：项王军壁垓下。

上例中的"壁垓下"语义扩展后为"筑壁垓下"，其语义结构为"行为+结果+处所"。这一语义结构可以表现为如下语法形式：

a. 筑壁垓下→筑壁于垓下（述+宾+补）

b. 筑壁垓下→于垓下筑壁（状+述+宾）

这类活用情况主要出现在建造物名词小类中。下面是这类活用的实例。

邦　《墨子·非攻下》：唐叔与吕尚邦齐、晋。——邦齐、晋→立邦于齐、晋→于齐、晋立邦。

壁　《史记·留侯世家》：其秋，汉王追楚至阳夏南，战不利而壁固陵。——壁固陵→筑壁于固陵→于固陵筑壁。

城　《左传·襄公十年》：诸侯之师城虎牢而戍之。——城虎牢→筑城于虎牢→于虎牢筑城。

道　《战国策·西周》：楚不能守方城之外，安能道二周之间？——道二周之间→辟道于东周、西周之间→于二周之间辟道。

洞　《聊斋志异·狼三则》：一狼洞其中，意将隧入以攻其后也。——洞其中→打洞于其中→于其中打洞。

都　《史记·秦始皇本纪》：吾闻周文王都丰，武王都镐。——都丰→建都于丰→于丰地建都。都镐→建都于镐→于镐地建都。

防　《左传·昭公三十年》：遂伐徐，防山以水之。——防山→筑防于山→于山上筑防。

家　《史记·高祖本纪》：单父人吕公善沛令，避仇从之客，因家沛焉。——家沛→安家于沛→于沛地安家。

桥　柳宗元《石渠记》：自（袁家）渴西南行，不能百步，得石渠。民桥其上。——桥其上→架桥于石渠上→于石渠上架桥。

疆　《左传·襄公八年》：莒人伐我东鄙，以疆鄫田。——疆鄫田→划定鄫地田土的疆界。

界　《史记·商君列传》：魏居领厄之西，都安邑，与秦界河而独擅山东之利。——界河→划界于河→于河划界。

威　《史记·陈涉世家》：陈胜、吴广喜，念鬼，曰："此教我先威众耳。"——威众→立威于众→在众人中立威。

穴　薛瑄《游龙门记》：道石峰东，穿石崖，横竖施木，凭空为楼。楼心穴板，上置井床辘轳，悬繘汲河。——穴板→穿穴于板→于板上穿穴。

6. 述（名）+宾→工具+动作行为+受事

在这类活用中，活用名词根据自身的语义扩展出相应的处置意义，活用名词自身的意义在扩展后的语义结构中充当工具成分，同宾语的语义合为"工具+动作行为+受事"的语义结构。这一语义结构的调整变换情况可以看下面这个例子：

《左传·成公二年》：从左右，皆肘之，使立于后。

上例中的“肘之”语义扩展后为“肘触之”，其语义结构为“工具＋动作行为＋受事”。这一语义结构可以表现为如下语法形式：

a. 肘触之→触之以肘（述＋宾＋补）

b. 肘触之→以肘触之（状＋述＋宾）

这类活用情况主要出现在凭借物名词小类中。下面是这类活用的实例。

鞭　《左传·僖公二十三年》：公子怒，欲鞭之。——鞭之→以鞭击之→击之以鞭。

丹　《国语·鲁语上》：庄公丹桓宫之楹。——丹桓宫之楹→涂之以丹→以丹涂之。

椟　孙樵《书褒城驿壁》：当愁醉醲，当饥饱鲜，囊帛椟金，笑与秩终。——椟金→盛金以椟→以椟盛金。

饵　《三国志·魏书·武帝纪》：此所以饵敌，如何去之？——饵敌→诱敌以饵→以饵诱敌。

竿　邵长蘅《阎典史传》：会城中矢少，（阎）应元乘月黑，束藁为人，人竿一灯，立陴堄间；匝城兵士伏垣内，击鼓叫噪，若将缒城斫营者。大军惊；矢发如雨，比晓，获矢无算。——竿一灯→以竿挑一灯。

棺　《史记·齐太公世家》：桓公病，五公子各树党争立。及桓公卒，遂相攻，以故宫中空，莫敢棺。——棺（之）→以棺殓之→殓之以棺。

火　韩愈《原道》：人其人，火其书，庐其居。——火其书→以火焚其书（佛经）→焚其书以火。

巾笥　《庄子·秋水》：王巾笥而藏之庙堂之上。——巾笥而藏之→以巾笥裹装而藏之→裹藏之以巾笥。

军　《左传·成公七年》：郑共仲、侯羽军楚师，囚郧公钟仪，献诸晋。——军楚师→以军攻楚师。

目　《史记·留侯世家》：（张）良殊大惊，随目之。——目之→以目示之→示之以目。

囊　马中锡《中山狼传》：丈人曰："是皆不足以执信也。试再囊之，我观其状果困苦否。"——囊之→以囊匿之→匿之以囊。

辇　柳宗元《永州韦使君新堂记》：将为穹谷嵁岩渊池于郊邑之中，则必辇山石，沟涧壑，陵绝险阻，疲极人力，乃可以有为也。——辇山石→以辇搬运山石→搬运山石以辇。

刃　《史记·廉颇蔺相如列传》：左右欲刃相如。——刃相如→以刃毙之→毙之以刃。

手　《史记·吴太伯世家》：（公子光）使专诸置匕首于炙鱼之中以进食，手匕首刺王僚。——手匕首→以手执匕首。

水　《战国策·魏策》：秦有郑地，得垣雍，决荥泽而水大梁，大梁必亡矣。——水大梁→以水淹大梁→淹大梁以水。

威　《史记·伍子胥列传》：吴以伍子胥、孙武之谋，西破强楚，北威齐晋，南服越人。——威齐晋→以威慑齐晋→慑齐晋以威。

刑　陈子昂《谏用刑书》：臣闻古之御天下者，其政有三。王者化之，用仁义也。霸者威之，任权智也。强者胁之，务刑罚也。是以化之不足然后威之，威之不变然后刑之。——刑之→以刑治之→治之以刑。

袖　宗臣《报刘一丈书》：门者故不入，则甘言媚词；作妇人状，袖金以私之。——袖金→以袖携金→携金以袖。

爪　柳宗元《种树郭橐驼传》：甚者爪其肤，以验其生枯。——爪其肤→以爪搔其肤→搔其肤以爪。

鸩　《左传·僖公三十年》：晋侯使医衍鸩卫侯。甯俞货医，使薄其鸩，不死。——鸩卫侯→以鸩杀之→杀之以鸩。

足　司马相如《上林赋》：生貔豹，搏豺狼，手熊罴，足壄羊。——手熊罴，足壄羊→以手博熊罴，以足踏壄羊。

7. 述（名）+宾→行为+处所+对象

在这类活用中，活用名词根据自身的语义扩展出相应的位移意义，活用名词自身的意义在扩展后的语义结构中充当处所成分，同宾语的语义合为“行为+处所+对象”的语义结构。这一语义结构的调整变换情况可以看下面这个例子：

《史记·管晏列传》：鲍叔既进管仲，以身下之。

上例中的“下之”语义扩展后为“居下之”，其语义结构为“行为+处所+对象”。这一语义结构可以表现为如下语法形式：

居下之→居于其下［述+补（对象+处所）］

这类活用情况主要出现在方位地理名词小类中，用例也不多。下面是这类活用的实例。

后 《荀子·修身》：以治气养生，则身后彭祖；以修身自强，则名配尧、禹。——后彭祖→于彭祖后从之→追随于彭祖之后。

上 《左传·僖公二十三年》：晋公子有三焉，天其或者将建诸，君其礼焉。……有三士足以上人而从之，三也。——上人→居于人之上。

先 《论语·子路》：子路问政。子曰：“先之劳之。”——先之→行于百姓之先→先于百姓而行。

6.3 名词用为及物动词使动用法的语义分析

在名词用为及物动词使动用法中，活用名词充当述语，同宾语构成使动述宾结构。一方面，这类述宾结构中的活用名词也发生语义扩展，扩展出与它自身意义相应的动作行为和变化意义，语义扩展的情况和名词用为不及物动词用法中的情况基本相同。

另一方面，使动述宾结构还表达“意愿”“使令”“允让”“影响”类语法意义，宾语也表达一定的语义。所以，名词用为及物动词使动用法形成的使动述宾结构的语义是由活用名词的扩展语义、宾语的语义、使动述宾结构的使动语法意义结合起来构成的，这是较为复杂的语义结构。因此，为了形成合理的语法结构，在表达形式上还要经过一定的调整、变换，这样才能准确地理解活用结构。

名词活用形成的使动述宾结构的语义结构可表示为下式：

使令＋兼事＋动作行为、变化＋状况

上式中的“使令”表示使动意义，包括意愿、允让、处置、影响等语义。“兼事”兼表使令的对象和产生行为、变化的人和事物。“动作行为、变化”表示兼事在受到使令后发出的动作行为、出现的变化等。“状况”表示兼事受到处置或变化后的情况。根据语义结构中具体的语义内容和语义关系，以及结构变换的情况，名词用为及物动词使动用法可再分为几种情况，下面分别举例描述。

1. 述（名）＋宾→使令/意愿/处置＋兼事＋变化＋变事

在这类活用中，活用名词根据自身的语义扩展出相应的充任行为意义和变化意义，活用名词自身的意义在扩展后的语义结构中充当变事成分；宾语的语义在整个使动述宾结构的语义结构中充当兼事成分，兼表使令的对象和变事成分；述宾结构表示的使动意义则表现为相应的词语。整个语义结构的调整变换情况可以看下面这个例子：

《史记·淮阴侯列传》：大夫种、范蠡存亡越伯霸勾践，立功成名而身死亡。

上例中的“霸勾践”语义扩展后为“称霸勾践”，同述宾结构的使动意义合为“使称霸勾践”。这一语义结构可以表现为如下语法形式：

使称霸勾践→使勾践称霸→勾践成为霸主（述＋兼语＋述＋宾）

这类活用情况主要出现在身份名词小类中。下面是活用的实例。

鄙　《左传·僖公三十年》：越国以鄙远，君知其难也。——鄙远→使远国为己邑。

伯　《战国策·秦策三》：若为伯主强国，不辞祸凶。——伯主→使君主称霸。

臣　《韩非子·五蠹》：故以义，则仲尼不服于哀公；乘势，则哀公臣仲尼。——臣仲尼→使仲尼为臣。

臣妾　胡铨《戊午上高宗封事》：今者无故诱致敌使，以诏谕江南为名，是欲臣妾我也，是欲刘豫我也。——臣妾我→使我为臣妾。刘豫我→使我为刘豫。

帝　《战国策·赵策三》：魏王使将军辛垣衍令赵帝秦。——帝秦→尊秦为帝。

法　《墨子·非儒下》：夫为弟子后生其师，必修其言，法其行。——法其行→使其行为法。

孤　《史记·张耳陈余列传》：杀人之父，孤人之子，断人之足，黥人之首。——孤人之子→使人子为孤。

寡　刘恒《赐南粤王赵佗书》：寡人之妻，孤人之子，独人父母，得一亡十，朕不忍为也。——寡人之妻→使人妻为寡。

汗　柳宗元《陆文通先生墓表》：其为书，处则充栋宇，出则汗牛马。——汗牛马→使牛马出汗。

侯　《史记·高祖本纪》：利几者，项氏之将。项氏败，利几为陈公，不随项羽，亡降高祖，高祖侯之颍川。——侯之→封之为侯。

灰　《三国志·魏书·高堂隆传》：臣备腹心，苟可以繁祉圣躬，安存社稷，臣虽灰身破族，犹生之年也。——灰身→化自身为灰。

将　《战国策·赵策四》：君奚不将奢也？——将奢→任赵奢为将。

君　《孟子·公孙丑上》：得百里之地而君之，皆能以朝诸侯，有天下。——君之→让他们为君。

客　《战国策·齐策》：孟尝君客我。——客我→让我做了客卿。

庐　韩愈《原道》：人其人，火其书，庐其居。——庐其居→使其居为庐。

妻　《孟子·万章上》：好色，人之所欲，妻帝之二女，而不足以解忧。——妻帝之二女→（舜）娶尧帝之二女为妻。

妾　《淮南子·俶真训》：若夫真人，……烛十日而使风雨，臣雷公，役夸父，妾宓妃，妻织女，天地之间，何足以留其志？——使风雨，臣雷公，役夸父→令风雨为使者，命雷公为臣，驱夸父为役。妾宓妃→纳宓妃为妾。

人　韩愈《原道》：人其人，火其书，庐其居。——人其人→使其人为常人。

肉　《左传·昭公二十五年》：苟使意如得改事君，所谓生死而肉骨也。——生死而肉骨→使死者复生，使白骨生肉。

糁　杨士奇《游东山记》：缘涧观鱼，大者三四寸，小者如指，余糁饼饵投之。——糁饼饵→分饼饵为糁。

师　《战国策·燕策一》：于是昭王为（郭）隗筑宫而师之。——师之→拜郭隗为师。

王　《史记·吕太后本纪》：王陵曰："……今王吕氏，非约也。"——王吕氏→封吕氏子弟为王。

物　《荀子·天论》：思物而物之，孰与理物而勿失之也！——物之→使万物为己物。

吴王 《左传·定公十年》：公若曰："尔欲吴王我乎?"——吴王我→使我为吴王。

相 《韩非子·难一》：桓公解管仲之束缚而相之。——相之→让他为相。

虚 《荀子·儒效》：（周公）杀管叔，虚殷国，而天下不称戾焉。——虚殷国→使殷国为墟。

质 《左传·僖公十五年》：归之而质其大子，必得大成。——质其大子→使其大子为质。

子 《战国策·秦策五》：王后曰："吾楚人也。"而自子之。——子之→收他为子。

2. 述（名）+宾→使令/意愿/处置+兼事+行为+结果

在这类活用中，活用名词根据自身的语义扩展出相应的建造、建立行为意义，活用名词自身的意义在扩展后的语义结构中充当结果成分；宾语的语义在整个使动述宾结构的语义结构中充当兼事成分，兼表使令的对象和行为的结果；述宾结构表示的使动意义则表现为相应的词语。整个语义结构的调整变换情况可以看下面这个例子：

《史记·晋世家》：齐桓公合诸侯而国异姓。

上例中的"国异姓"语义扩展后为"立国异姓"，同述宾结构的使动意义合为"使立国异姓"。这一语义结构可以表现为如下语法形式：

使立国异姓→使异姓立国（述+兼语+述+宾）

这类活用情况主要出现在建造物名词和凭借物名词的制作物名词中。下面是活用的实例。

邦 柳宗元《封建论》：周有天下，裂土田而瓜分之；设五等，邦群后。——邦群后→让群后立邦。

脯 《战国策·赵策三》：鬼侯有子而好，故入之于纣。纣以为恶，醢鬼侯。鄂侯争之急，辨之疾，故脯鄂侯。——醢鬼侯→制鬼侯为醢。脯鄂侯→制鄂侯为脯。

醢　《史记·黥布列传》：夏，汉诛梁王彭越，醢之。——醢之→斩彭越为醢。

腊　柳宗元《捕蛇者说》：然得而腊之以为饵，可以已大风、挛踠、瘘、疠，去死肌，杀三虫。——腊之→制之为腊。

序　《荀子·君子》：等贵贱，分亲疏，序长幼，此先王之道也。——等贵贱→使贵贱分出等级。序长幼→使长幼排列有序。

业　《战国策·齐策四》：是助王息其民者也，何以至今不业也？——业（之）→使之成业。

邑　《史记·吴太伯世家》：有过又欲杀少康，少康奔有虞。有虞思夏德，于是妻之以二女而邑之于纶。——邑之→使之建邑。

3. 述（名）+宾→使令/意愿+兼事+得到+受事

在这类活用中，活用名词根据自身的语义扩展出相应的施与、给予行为意义，活用名词自身的意义在扩展后的语义结构中充当受事成分；宾语的语义在整个使动述宾结构的语义结构中充当兼事成分，兼表与事和施事；述宾结构表示的使动意义则表现为相应的词语。整个语义结构的调整变换情况可以看下面这个例子：

《墨子·法仪》：爱人利人者，天必福之；恶人贼人者，天必祸之。

上例中的“福之、祸之”语义扩展后为“得福之、得祸之”，同述宾结构的使动意义合为“使得福之、使得祸之”。这一语义结构可以表现为如下语法形式：

使得福之→使其得福（述+兼语+述+宾）

使得祸之→使其得祸（述+兼语+述+宾）

上例还有另一种理解，“福、祸”的语义扩展情况为“降福、降祸”，结构变换的情况为：

降福之→降福给他们→给他们降福→降给他们福祉

降祸之→降祸给他们→给他们降祸→降给他们祸灾

不过，这种理解和相应的语义扩展、结构变换并没有改变语义结构：“福之、祸之”中的“之”始终都是“福、祸”的给予对象（与事）或得到者（与事），“天”始终都是施与者（施事）。

这类活用情况主要出现在施与物名词和凭借物名词中。下面是活用的实例。

百牢 《左传·哀公七年》：宋百牢我，鲁不可以后宋。——百牢我→让我享用百牢。

德 《战国策·魏策二》：魏王之年长矣，今有疾，不如归太子以德之。——德之→施之以德。

饭 《史记·淮阴侯列传》：（韩）信钓于城下，诸母漂，有一母见信饥，饭信。——饭信→施饭于韩信。

官 《礼记·王制》：论定，然后官之。——官之→授之官职。

患 《国语·鲁语下》：若我往，晋必患我。——患我→使我受祸。

惠 《荀子·王制》：庶人骇政，则莫若惠之。——惠之→施之恩惠。

祸 《左传·文公元年》：孤实贪以祸夫子，夫子何罪？——祸夫子→使夫子（那人，指孟明）受祸。

爵 《史记·鲁仲连邹阳列传》：（田单）归而言鲁连，欲爵之，鲁连逃隐于海上。——爵之→赐之爵。

利 《左传·僖公三十年》：阙秦以利晋，唯君图之。——

利晋→使晋国得利。

禄　《史记·齐太公世家》：桓公既得管仲，与鲍叔、隰朋、高奚修国政，……以赡贫穷，禄贤能，齐人皆悦。——禄贤能：赐禄于贤能。

食　《史记·淮阴侯列传》：汉王遇我厚，载我以其车，衣我以其衣，食我以其食。——食我以其食→以其食予我食。

位　《史记·樗里子甘茂列传》：苏代谓齐湣王曰："夫甘茂，贤人也。今秦赐之上卿，以相印迎之。……今王何以礼之？"齐王曰："善。"即位之上卿而处之。——位之上卿→赐之上卿之位。

刑　《史记·商君列传》：太子，君嗣也，不可施刑，刑其傅公子虔。——刑其傅公子虔→施刑于其傅公子虔→对太子傅公子虔施刑。

殃　《孟子·告子下》：不教民而用之，谓之殃民。——殃民→使民遭殃。

衣　《左传·昭公十三年》：若见费人，寒者衣之，饥者食之。——衣之→予之衣。食之→予之食。

4. 述（名）+宾→使令/意愿/处置+兼事+行为+处所

在这类情况中，活用名词根据自身的语义扩展出相应的位移行为意义，活用名词自身的意义在扩展后的语义结构中充当处所成分；宾语的语义在整个使动述宾结构的语义结构中充当兼事成分，兼表使令的对象和位移的人和事物；述宾结构表示的使动意义则表现为相应的词语。整个语义结构的调整变换情况可以看下面这个例子：

《左传·襄公元年》：于是东诸侯之师，次于鄫，以待晋师。

上例中的"东诸侯之师"语义扩展后为"向东诸侯之师"，同述宾结构的使动意义合为"使向东诸侯之师"。这一语义结构可以表现为如下语法形式：

使向东诸侯之师→使诸侯之师向东（述＋兼语＋述＋宾）

这类活用情况主要出现在方位地理名词中。下面是活用的实例。

北 《左传·宣公十二年》：（楚王）告令尹，改乘辕而北之，次于管以待之。——北之→使之向北。

馆 《左传·僖公十五年》：（秦伯）改馆晋侯，馈七牢焉。——馆晋侯→让晋侯宿于馆。

后 《论语·卫灵公》：事君，敬其事而后其食。——后其食→置其食（俸禄）于后。

南 《左传·宣公十二年》：令尹南辕反旆。——南辕→转车头向南。

前 《徐霞客游记·游黄山后记》：日渐暮，遂前其足，手向后据地，坐而下脱。——前其足→置其足于前。

上 《左传·襄公九年》：韩起少于栾黡，而栾黡、士鲂上之，使佐上军。——上之→使之居于己上。

外 《韩非子·五蠹》：以其不收也，外之。——外之→斥之于外。

西 《史记·陈涉世家》：楚已诛秦，必加兵于赵。计莫如毋西兵，使使北徇燕地以自广也。——西兵→挥兵向西。

下 《墨子·尚贤上》：有能则举之，无能则下之。——下之→使之处于下位。

先 《史记·廉颇蔺相如列传》：吾所以为此者，以先国家之急而后私仇也。——先国家之急→置国家之急于先。后私仇→置私仇于后。

右 《史记·孝文本纪》：昔先王远施不求其报，望祀不祈其福，右贤左戚，先民后己，至明之极也。——右贤左戚→使贤者居右（上），使亲戚居左（下）。

左　《韩非子·外储说左下》：然而驱之不前，却之不止，左之不左，右之不右。——左之、右之→令之向左、令之向右。

6.4　名词用为及物动词意动用法的语义分析

在名词用为及物动词意动用法中，活用名词充当述语，同宾语构成意动述宾结构。一方面，这类述宾结构中的活用名词也发生语义扩展，扩展出与它自身意义相应的动作行为和变化意义，语义扩展的情况和名词用为不及物动词用法中的情况基本相同。另一方面，意动述宾结构还表达“看待”“评价”“判定”“移用”类语法意义，宾语也表达一定的语义。所以，名词用为及物动词意动用法形成的意动述宾结构的语义是由活用名词的扩展语义、宾语的语义、意动述宾结构的意动语法意义结合起来构成的，这是较为复杂的语义结构。因此，为了形成合理的语法结构，在表达形式上也要经过一定的调整、变换。

名词活用形成的意动述宾结构的语义结构可表示为下式：

意念+兼事+行为、变化+结论

上式中的“意念”表示意动意义，包括“看待”“评价”“移用”等语义。“兼事”兼表意念的对象和具有一定属性或变化的人和事物。“行为、变化”表示兼事在意念中具有的属性、出现的变化等。“结论”是意念行为的结果。根据语义结构中具体的语义内容和语义关系，以及结构变换的情况，名词及物意动用法可再分为几种情况，分类描述如下。

1. 述（名）+宾→看待+兼事+变化+变事

在这类情况中，充当述语的活用名词根据自身的语义扩展出相应的变化意义，活用名词自身的意义在扩展后的语义结构中充当变事成分；宾语的语义在整个意动述宾结构的语义结构中充当兼事成分，兼表意念的对象和变化的人和事物；述宾结构表示的意动意义则表现为相应的词语。整个语义结构的调整变换情况可以看下面这个例子：

《荀子·礼论》：故王者天太祖，诸侯不敢坏。

上例中的“天太祖”语义扩展后为“为天太祖”，同述宾结构的意动意义合为“视为天太祖”。这一语义结构可以表现为如下语法形式：

视为天太祖→视太祖为天（述+兼语+述+宾）

这类活用情况主要出现在身份名词中。下面是活用的实例。

宝 唐顺之《竹溪记》：而江南人甚或笑之曰：“京师人乃宝吾之所薪。”——宝吾之所薪→视吾之所薪为宝。

鄙 《左传·宣公十四年》：过我而不假道，鄙我也；鄙我者，亡我也。——鄙我→视我为其鄙。

父 韩愈《原道》：今也欲治其心而外天下国家者，灭其天常，子焉而不父其父，臣焉而不君其君，民焉而不事其事。——父其父→视其父为父。君其君→视其君为君。事其事→视其事为事。

君 《韩非子·忠孝》：尧为人君而君其臣，舜为人臣而臣其君。——君其臣→视其臣为君。臣其君→视其君为臣。

老 《孟子·梁惠王上》：老吾老，以及人之老；幼吾幼，以及人之幼。——老吾老→视吾老为老。幼吾幼→视吾幼为幼。

母 《后汉书·李固传》：王者父天母地，宝有山川。——父天母地→视天为父，视地为母。

奴 韩愈《原道》：入者主之，出者奴之。——主之→视之为主。奴之→视之为奴。

亲 《孟子·离娄上》：人人亲其亲，长其长，而天下平。——亲其亲→视其亲为亲。长其长→视其长为长。

子 《战国策·齐策四》：今君有区区之薛，不拊爱子其民，因而贾利之。——子其民→视其民如子。

2. 述（名）+宾→评价+兼事+联系+结论

在这类情况中，充当述语的活用名词根据自身的语义扩展出相应的评价意义，活用名词自身的意义在扩展后的语义结构中充当结论成分；宾语的语义在整个意动述宾结构的语义结构中充当兼事成分，兼表评价的对象和结论陈述的主体；述宾结构表示的意动意义则表现为“以、认为”等相应的词语。整个语义结构的调整变换情况可以看下面这个例子：

《荀子·修身》：心如虎狼，行如禽兽，而又恶人之贼己也。

上例中的“贼己”语义扩展后为“为贼己”，同述宾结构的意动意义合为“以为贼己”。这一语义结构可以表现为如下语法形式：

以为贼己→以己为贼（认为自己是贼）（述+兼语+述+宾）

这类活用情况主要出现在身份名词中。下面是活用的实例。

道　韩愈《原道》：其所谓道，道其所道，非吾所谓道也。——道其所道→以其所道为道。

功　《史记·魏公子列传》：夺晋鄙兵以救赵，于赵则有功矣，于魏则未有忠臣也。公子乃自骄而功之，窃为公子不取也。——功之→以之为功。

祸　《庄子·秋水》：明乎坦涂，故生而不说，死而不祸。——祸（之）→以之为祸。

利　《史记·高祖本纪》：当是时，秦兵强，常乘胜逐北，诸将莫利先入关。——利先入关→以先入关为利。

器　《论语·子路》：君子易事而难说。说之以不道，不说也；及其使人也，器之。——器之→以之为器。

外　《孟子·公孙丑上》：我故曰，告子未尝知义，以其外之也。——外之→以之在外。

雄 《左传·襄公二十一年》：君以为雄，谁敢不雄？——雄（之）→以之为雄。

3. 述（名）+宾→移用+兼事+充任+变事（充任物）

在这类情况中，充当述语的活用名词根据自身的语义扩展出相应的移用意义，活用名词自身的意义在扩展后的语义结构中充当变事（充任物）成分；宾语的语义在整个意动述宾结构的语义结构中充当兼事成分，兼表移用的对象和变事成分；述宾结构表示的意动意义则表现为“以、当作、作为”等相应的词语。整个语义结构的调整变换情况可以看下面这个例子：

《左传·襄公三十一年》：不如小决使道，不如吾闻而药之也。

上例中的“药之”语义扩展后为“为药之”，同述宾结构的意动意义合为“以为药之”。这一语义结构可以表现为如下语法形式：

以为药之→以之为药（把听到的议论作为药石）（述+兼语+述+宾）

下面是活用的实例。

带 王勃《滕王阁序》：襟三江而带五湖，控蛮荆而引瓯越。——襟三江而带五湖→（洪州府）以三江为襟，以五湖为带。

度 《左传·襄公三十一年》：故君子在位可畏，施舍可爱，进退可度，周旋可则。——可度→可以之为度。可则→可以之为则。

肝 《史记·伯夷列传》：盗跖日杀不辜，肝人之肉。——肝人之肉→以人之肉为肝。

根 《三国志·魏书·王昶传》：夫虚伪之人，言不根道，行不顾言。——根道→以道为根。

根　白居易《与元九书》：诗者，根情，苗言，华声，实义。——诗以情为根，以言为苗，以声律为花，以义为果实。

法　《吕氏春秋·察今》：上胡不法先王之法？——法先王之法→以先王之法为法。

席　苏辙《武昌九曲亭记》：穷山之深，力极而息，扫叶席草，酌酒相劳。——席草→以草为席。

友　《荀子·云赋》：托地而游宇，友风而子雨。——友风而子雨→以风为友，以雨为子。

6.5　名词用为及物动词为动用法的语义分析

在名词用为及物动词为动用法中，活用名词充当述语，同宾语构成为动述宾结构。一方面，这类述宾结构中的活用名词也发生语义扩展，扩展出与它自身意义相应的动作行为意义，语义扩展的情况和名词用为不及物动词用法的情况大致相同。另一方面，为动述宾结构还表达“服务”“针对”“面向”类语法意义，宾语也表达一定的对象语义。所以，名词用为及物动词为动用法形成的为动述宾结构的语义是由活用名词的扩展语义、宾语的语义、为动述宾结构的为动语法意义结合起来构成的，这是较为复杂的语义结构。为动述宾结构的语义结构同句法形式的对应关系可以表示为下式：

述（名）＋宾→为＋对象＋动作行为＋受事/结果

上式中的“为”表示“替代、针对”等为动意义，“对象”表示与事和对象（服务、针对的人或事物）。“动作行为”表示服务性、针对性的动作行为等。“受事/结果”是服务性、针对性的动作行为的相关事物。这一语义结构表现为句法形式时也要经过一定的调整、变换。其调整变换情况可以看下面这个例子：

《史记·留侯世家》：父曰："履我！"（张）良业为取履，因长跪履之。

上例中的"履之"语义扩展后为"着履之"，同述宾结构的为动意义合为"为着履之"。这一语义结构可以表现为如下语法形式：

为着履之→为之着履（状中→为＋宾＋述＋宾）

下面是活用的实例。

臣　《左传·襄公二十五年》：东郭偃臣崔武子。——臣崔武子→为崔武子做臣。

德　《战国策·齐策一》：田忌，亡人也，而得封，必德王。——德王→对王感德。

馆　韩愈《柳州罗池庙碑》：（柳侯）梦（欧阳）翼而告曰："馆我于罗池。"——馆我于罗池→为我筑馆于罗池。

介　《左传·昭公二十五年》：季、郈之鸡斗，季氏介其鸡，郈氏为之金距。——介其鸡→为其鸡披甲。

履　《史记·留侯世家》：父曰："履我！"（张）良业为取履，因长跪履之，父以足受，笑而去。——履我→为我着履。履之→为之着履。

脉　《三国志·魏书·方技传》：广陵太守陈登得病，……（华）佗脉之曰：……——脉之→为之把脉。

社　《庄子·庚桑楚》：庶几其圣人乎！子胡不相与尸而祝之，社而稷之乎？——尸而祝之，社而稷之→为之设立尸主、祝者、土神、谷神（祭享他）。

室　《左传·宣公十四年》：卫人以为成劳，复室其子，使复其位。——室其子→为其子娶妻室。

式　《礼记·曲礼上》：君子式黄发。——式黄发→对黄发老人扶轼（表示敬意）。

序　欧阳修《江邻几文集序》：故余于圣俞、子美之殁，既已铭其圹，又类集其文而序之，其言尤感切而殷勤者，以此也。——铭其圹→为其圹（墓）作铭。序之→为之作序。

衣　《左传·襄公二十七年》：免馀攻宁氏，杀宁喜及右宰縠，尸诸朝。石恶将会宋之盟，受命而出，衣其尸，枕之股而哭之。——衣其尸→为尸体着衣。

职　《荀子·王制》：职而教之，须而待之，……安职则畜，不安职则弃。——职而教之→为之为业（给他们安排职业），教育他们。

6.6　名词做状语的语义分析

在名词做状语的用法中，名词的功能是修饰，同述语构成状中结构。在这类状中结构中，名词的语义也发生变化，由表示人和事物意义变化为与它自身意义相关的态度、状态、方式、处所、工具等意义。这些语义成分同述语的语义构成的语义结构也是一种变异的语义结构。根据充当状语的名词语义变异的情况，名词做状语的用法还可以分为几种情况。下面分别描述。

1. 状（名）+述+宾→态度+行为

在这类状中结构中，充当状语的名词的语义变化为“态度”成分，对述语表示的行为进行修饰。状语表示的“态度”所看待的对象是结构中的宾语成分。这类状语的语义实际上是名词意动用法所表示的语义，只不过表现形式不同。下面是这种用法的实例。

臣　《史记·大宛列传》：及大月氏西徙，攻败之，皆臣畜大夏。——臣畜大夏→以臣畜大夏→视大夏如臣而畜之。

臣　胡铨《戊午上高宗封事》：刘豫臣事金国，南面称王。——臣事金国→以臣事金国→视己如臣而事金。

父　《史记·张耳陈余列传》：（陈）余年少，父事张耳，两人相与为刎颈交。——父事张耳→以父事张耳→视张耳如父而事之。

客 《史记·齐太公世家》：晋大夫栾盈奔齐，庄公厚客待之。——客待之→以客待之→视之如客而待之。

奴 《史记·宋微子世家》：子鱼曰："兵以胜为功，何常言与！必如公言，即奴事之耳，又何战为？"——奴事之→以奴事之→视己如奴而事之。

奴 《史记·卫将军骠骑列传》：（卫）青为侯家人，少时归其父，其父使牧羊。先母之子皆奴畜之，不以为兄弟数。——奴畜之→以奴畜之→视之如奴而畜之。

长 《国语·晋语四》：（晋公子）父事狐偃，师事赵衰，而长事贾佗。——父事狐偃→以父事狐偃→视狐偃如父而事之。师事赵衰→以师事赵衰→视赵衰如师而事之。长事贾佗→以长事贾佗→视贾佗如长而事之。

2. 状（名）+述→处所+行为

在这类状中结构中，充当状语的名词的语义具体化为"处所"成分，对述语表示的行为进行修饰，表示与动作行为相关的处所。下面是这种用法的实例。

壁 《史记·儒林列传》：秦时焚书，伏生壁藏之。——壁藏之→藏之于壁→于壁藏之。

巢 《战国策·赵策一》：决晋水而灌之，围晋阳三年，城中巢居而处，悬釜而炊。——巢居→居于巢。

隧 《聊斋志异·狼三则》：一狼洞其中，意将隧入以攻其后也。——隧入→由隧入之。

道 《左传·襄公三十六年》：大夫逆于竟者，执其手而与之言，道逆者，自车揖之。逆于门者，颔之而已。——道逆→逆于道。

谷 《史记·龟策列传》：天出五色，以辨白黑；地生五谷，以知善恶。人民莫知辨也，与禽兽相若。谷居而穴处，不知田作。——谷居而穴处→居于谷而处于穴。

郊 《战国策·魏策二》：楚王闻之，因郊迎惠施。——郊迎惠施→迎惠施于郊。

木 韩愈《原道》：寒然后为之衣，饥然后为之食。木处而颠，土处而病也，然后为之宫室。——木处→处于木。土处→处于土。

水 《荀子·大略》：水行者表深，使人无陷。——水行→行于水。

廷 《史记·吕太后本纪》：陈平、绛侯曰："于今面折廷争，臣不如君；夫全社稷，定刘氏之后，君亦不如臣。"——廷争→争于廷。

3. 状（名）+述→工具+行为

在这类状中结构中，充当状语的名词的语义具体化为"工具"成分，对述语表示的行为进行修饰，表示动作行为使用、凭借的事物。下面是这种用法的实例。

城 《史记·高祖本纪》：于是樊哙从刘季来。沛令后悔，恐其有变，乃闭城城守，欲诛萧（何）、曹（参）。——城守→据城而守。

丹 《史记·陈涉世家》：陈胜、吴广喜，念鬼，曰："此教我先威众耳。"乃丹书帛曰："陈胜王"。置人所罾鱼腹中。——丹书帛→以丹书于帛。

箕畚 《列子·汤问》：遂率子孙荷担者三夫，叩石垦壤，箕畚运于渤海之尾。——箕畚运于渤海之尾→以箕畚装运于渤海之尾。

手 《史记·司马相如列传》：于是乎乃使专诸之伦，手格此兽。——手格→徒手格击。

橐 《战国策·秦策三》：伍子胥橐载而出昭关，夜行昼伏。——橐载→以橐载之。

4. 状（名）+述→方式+行为

在这类状中结构中，充当状语的名词的语义具体化为“方式”成分，对述语表示的行为进行修饰，表示动作行为进行、发出的方式。下面是这种用法的实例。

户　《韩非子·难势》：无庆赏之劝，刑罚之威，释势委法，尧、舜户说而人辩之，不能治三家。——户说而人辩之→逐户说之，逢人辩之。

家　韩愈《曹成王碑》：一吏轨民，使令家听户视，奸宄无所宿。——家听户视→逐家听之，逐户视之。

口　《韩非子·奸劫弑臣》：夫是以人主虽不口教百官，不目索奸邪，而国已治矣。——口教→亲口教化。目索→亲眼搜索。

口　《汉书·艺文志》：仲尼思存前圣之业，……有所褒讳贬损，不可书见，口授弟子。——口授→以口传授；口头传授。

面　《史记·匈奴列传》：吾欲入汉见天子，面相约为兄弟。——面相约为兄弟→当面相约为兄弟。

目　《论衡·知实》：不目见口问，不能尽知也。——目见口问→亲眼见、亲口问。

手　《韩非子·难三》：有间，遣吏执而问之，则手绞其夫者也。——手绞→亲手绞杀。

5. 状（名）+述→依据+行为

在这类状中结构中，充当状语的名词的语义具体化为“依据”成分，对述语表示的行为进行修饰，表示动作行为进行的依据。下面是这种用法的实例。

法　《史记·陈涉世家》：会天大雨，道不通，度已失期。失期，法皆斩。——法皆斩→依法皆斩。

仁　《韩非子·用人》：昔者介子推无爵禄而义随文公，不忍口腹而仁割其肤，故人主结其德，书图著其名。——义随文公→依义随文公。仁割其肤→依仁割其肤。

义　《韩非子·显学》：今有人于此，义不入危城，不处军旅。——义不入危城→依义不入危城。

6. 状（名）＋述→状态＋行为

在这类状中结构中，充当状语的名词的语义具体化为“状态”成分，对述语表示的行为进行修饰，表示动作行为进行的状态。下面是这种用法的实例。

壁　《徐霞客游记·游黄山后记》：惟一石顶壁起犹数十丈，澄源寻视其侧，得级，挟予以登。——壁起→如壁而起。

冰　杜预《春秋左氏传序》：涣然冰释，怡然理顺。——冰释→如冰而释。

电　《后汉书·臧宫传》：将军向者经虏城下，震扬威灵，风行电照。——风行电照→如风畅行，如电照耀。

电　《晋书·谯王孙传》：足下若能卷甲电赴，犹或有济。——电赴→如电奔赴。

风　《史记·淮阴侯列传》：因民之欲，西向为百姓请命，则天下风走而响应矣，孰敢不听！——风走而响应→如风随行，如响回应。

辐　柳宗元《封建论》：周有天下，裂土田而瓜分之；设五等，邦群后。布履星罗，四周于天下，轮运而辐集。——轮运而辐集→如轮运转，如辐集凑。

龟　马中锡《中山狼传》：（狼）蝟缩蠖屈，蛇盘龟息，以听命先生。——蝟缩→如蝟卷缩。蠖屈→如蠖卷屈。蛇盘→如蛇盘曲。龟息→如龟呼吸。

虎　《三国志·魏书·武帝纪》：汉末，天下大乱，雄豪并起，而袁绍虎视四州，强盛莫敌。——虎视→如虎而视。

虎 《三国志·吴书·陆逊传》：方今天下云扰，群雄虎争。——虎争→如虎争斗。

狼 《世说新语·识鉴》：苻坚将问晋鼎，既已狼噬梁、岐，又虎视淮阴矣。——狼噬→如狼吞噬。

雷 《庄子·在宥》：故君子苟能无解其五藏，无擢其聪明，尸居而龙见，渊默而雷声，神动而天随，从容无为而万物炊累焉，吾又何暇治天下哉！——尸居而龙见→如尸而居，如龙而现。渊默而雷声→如渊静默，如雷发声。

鸟 《史记·平津侯主父列传》：夫匈奴之性，兽聚而鸟散。——兽聚而鸟散→如兽而聚，如鸟而散。

繦 《史记·货殖列传》：于是太公劝其女功，极技巧，通鱼盐，则人物归之，繦至而辐凑。——繦至而辐凑→如繦而至，如辐而凑。

人 《左传·庄公八年》：射之，豕人立而啼。——人立→如人站立。

日 《庄子·天运》：夫鹄不日浴而白，乌不日黔而黑。——日浴→每日沐浴。日黔→每日黔染。

日 《商君书·错法》：法无度数而事日烦，则法立而治乱矣。——日烦→一天天烦杂。

兽 《三国志·吴书·薛综传》：卒闻大军之至，自度不敌，鸟惊兽骇。——鸟惊兽骇→如鸟兽惊骇。

月 苏洵《六国论》：有如此之势，而为秦人积威之所劫，日削月割，以趋于亡。——日削月割→日日削土，月月割地。

云 《三国志·吴书·陆逊传》：方今天下云扰，群雄虎争。——云扰→如云纷扰。

第七章　形容词活用的语义分析

形容词的活用现象也是比较复杂的，它包括形容词活用为及物动词的一般用法、使动用法、意动用法、为动用法、用作名词等等。

形容词本来表示性质、状态、态度、感觉等，在进入具体的语句后，在句法结构和句中诸成分的制约作用下，也会在语义上发生临时性变异，出现语义扩展现象，在形容词原有意义的基础上扩展出相应的动作、行为、变化、事物等语义。活用形容词的语义扩展后，其自身的意义又在扩展后的语义结构中充当具体的语义成分，如状态、方式、态度、感觉、结论等，这些语义成分同句法结构表达的语法意义结合起来，就构成了比较复杂的语义结构。

7.1　形容词活用为及物动词一般用法的语义分析

在形容词活用为及物动词一般用法中，活用形容词的语义扩展出相关的动作行为意义。此外，形容词活用为及物动词一般用法的理解还涉及述宾结构的语义理解问题。因此，形容词活用为及物动词一般用法的理解还需要运用结构变换的手段。只有把语义扩展和结构变换两种手段结合起来，才能更好地理解形容词活用为及物动词一般用法中的活用情况。下面是活用实例的具体分析。

1. 述（形）+宾→度量+动作行为+受事/对象

在这类活用中，活用形容词根据自身的语义扩展出相应的动作行为意义，活用形容词自身的意义在扩展后的语义结构中充当度量成分，表示范围、程度、时间、数量等意义，同宾语的语义组合为“度量+动作行为+对象”语义结构。这类活用情况主要出现在度量形容词小类中。下面是活用的实例。

饱 孙樵《书褒城驿壁》：当愁醉醨，当饥饱鲜，囊帛椟金，笑与秩终。——醉醨→醉饮美酒。饱鲜→饱餐鲜味。

备 曹丕《典论·论文》：此四科不同，故能之者遍也，唯通才能备其体。——备其体→备通其体。

博 汪琬《传是楼记》：古之善读书者，始乎博，终乎约。博之而非夸多斗靡也，约之而非保残安陋也。——博之→广博地读书。约之→精约地读书。

充 《孟子·滕文公下》：充仲子之操，则蚓而后可者也。——充仲子之操→完全实行仲子的操守。

尽 《左传·文公十四年》：公子商人骤施于国，而多聚士，尽其家，贷于公、有司以继之。——尽其家→尽散其家产。公子商人：人名。

尽 《史记·樊郦滕灌列传》：（樊）哙既饮酒，拔剑切肉食，尽之。——尽之→尽食之。

穷 《史记·李斯列传》：吾既已临天下矣，欲悉耳目之所好，穷心志之所乐。——悉耳目之所好，穷心志之所乐→悉阅耳目之所好，穷享心志之所乐。

深 《荀子·修身》：人无法则伥伥然，有法而无志其义则渠渠然，依乎法而又深其类，然后温温然。——深其类→深知其类。

新 陆贽《奉天请罢琼林大盈二库状》：玄宗悦之，新是二库。荡心侈欲，萌柢于兹。——新是二库→新建此二库。

远　《孟子·梁惠王上》：君子之于禽兽也，见其生，不忍见其死；闻其声，不忍食其肉。是以君子远庖厨也。——远庖厨→远离庖厨。

周　晁错《论贵粟疏》：其为物轻微易臧，在于把握，可以周海内而亡饥寒之患。——周海内→周游海内。

重　《战国策·楚策三》：楚王令昭雎之秦重张仪。——重张仪→重用张仪。

2. 述（形）+宾→方式+动作行为+对象

在这类活用中，活用形容词根据自身的语义扩展出相应的动作行为意义，活用形容词自身的意义在扩展后的语义结构中充当方式成分，同宾语的语义组合为“方式+动作行为+对象”语义结构。这类活用情况主要出现在方式形容词小类中。下面是活用的实例。

当　《荀子·儒效》：圣人也者，本仁义，当是非，齐言行，不失毫厘。——当是非→当断是非。

明　《庄子·胠箧》：彼圣人者，天下之利器也，非所以明天下也。——明天下→明示天下→对天下明示。

齐　《荀子·王霸》：百官则将齐其制度，重其官秩，若是，则百吏莫不畏法而遵绳矣。——齐其制度→齐一遵守制度。

私　《战国策·齐策二》：若此，齐必弱，齐弱则必为王役矣。则是北弱齐，西德于秦，而私商於之地以为利也。——私商於之地→独占商於之地。

同　《左传·成公元年》：虽晋人伐齐，楚必救之，是齐、楚同我也。——同我→共同与我。

同　《左传·襄公十一年》：同福禄，来远人，所谓乐也。——同福禄→同享福禄。

专　《左传·宣公十二年》：与其专罪，六人同之。——专罪→独担罪责。同之→同担罪责。

专 《三国志·魏书·杜畿传》：古之刺史，奉宣六条，以清静为名，威风著称，今可勿令领兵，以专民事。——专民事→专司民事。

3. 述（形）+宾→态度+动作行为+对象

在这类活用中，活用形容词根据自身的语义扩展出相应的动作行为意义，活用形容词自身的意义在扩展后的语义结构中充当态度成分，同宾语的语义组合为“态度+动作行为+对象”语义结构。这类活用情况主要出现在态度形容词小类中。下面是活用的实例。

安 《左传·僖公十五年》：古者大事，必乘其产，生其水土而知其人心，安其教训而服习其道，唯所纳之，无不如志。——安其教训→安守主人教训。

安 贾谊《过秦论中》：自君卿以下至于庶人，怀自危之心，亲处穷困之实，咸不安其位，故易动也。——安其位→安守其位。

必 《韩非子·五蠹》：弃私家之事，而必汗马之劳，家困而上弗论，则穷矣。——必汗马之劳→必受汗马之劳。

固 《论语·卫灵公》：君子固穷，小人穷斯滥矣。——固穷→固守穷困。

厚 《荀子·礼论》：夫厚其生而薄其死。——厚其生→厚待其生。薄其死→薄待其死。

厚 《史记·卫将军骠骑列传》：自魏其、武安之厚宾客，天子常切齿。——厚宾客→厚待宾客。

谨 《孟子·梁惠王上》：谨庠序之教，申之以孝悌之义，颁白者不负戴于道路矣。——谨庠序之教→慎待庠序之教。

隆 《荀子·修身》：故君子隆师而亲友，以致恶其贼。——隆师→隆敬师长。

美　《战国策·齐策一》：吾妻之美我者，私我也。妾之美我者，畏我也。客之美我者，欲有求于我也。——美我→赞美我。

戚　《三国志·魏书·董昭传》：夫戚族人而疏所生，内所寓而外王室，怀邪禄而叛知己，远福祚而近危亡，弃明义而收大耻，不亦可惜邪！——戚族人而疏所生→亲近族人而疏远亲生父母。

仁　《孟子·尽心上》：亲亲而仁民，仁民而爱物。——仁民→仁爱人民→对人民仁爱。

慎　《左传·文公三年》：小国受命于大国，敢不慎仪？——慎仪→慎待礼仪。

4. 述（形）+宾→度量+关系+对象

在这类活用中，活用形容词根据自身的语义扩展出相应的动作行为意义，活用形容词自身的意义在扩展后的语义结构中充当度量成分，同宾语的语义组合为“度量+关系+对象”语义结构。下面是活用的实例。

大　《战国策·魏策三》：吾所大者，无大天地。——大天地→大于天地→比天地大。

贵　《墨子·天志中》：今天下之人曰：“当若天子之贵诸侯，诸侯之贵大夫，傐明知之。然吾未知天之贵且知于天子也。”——贵诸侯→贵于诸侯→比诸侯尊贵。贵大夫→贵于大夫→比大夫尊贵。

齐　《三国志·吴书·吴主传》：朕以不德，承运革命，君临万国，秉统天机，思齐先代，坐而待旦。——齐先代→与先代齐同。

善　《史记·高祖本纪》：单父人吕公善沛令。——善沛令→与沛令善。

少　《左传·昭公元年》：司马侯问焉，曰：“子之车，尽于此而已乎？”对曰：“此之谓多矣！若能少此，吾何以得见？”——少此→少于此→比这少。

疏 《孟子·告子下》：有人于此，越人关弓而射之，则己谈笑而道之，无他，疏之也；其兄关弓而射之，则己垂涕泣而道之，无他，戚之也。——疏之→与之疏远。戚之→与之戚近。

7.2 形容词活用为及物动词使动用法的语义分析

在形容词活用为及物动物使动用法中，活用形容词充当述语，同宾语构成使动述宾结构。一方面，这类述宾结构中的活用形容词也发生语义扩展，扩展出与它自身意义相应的动作行为意义。另一方面，使动述宾结构还表达“意愿”“使令”“允让”“处置”类语法意义，这类语法意义也可以表现为相应的词语。形容词使动述宾结构的语义是由活用形容词的语义、宾语的语义、使动述宾结构的使动语法意义结合起来构成的。这一语义结构表现为语法结构时，也要经过一定的调整、变换。

形容词活用形成的使动述宾结构的语义结构可表示为下式：

使令+兼事+变化

上式中的“使令”表示使动意义，包括意愿、允让、处置等语义。“兼事”兼表使令的对象和产生行为、变化的人和事物。“变化”表示兼事在受到使令后出现的各种变化。根据语义结构中具体的语义内容和语义关系，以及结构变换的情况，形容词活用为及物动词使动用法可再分为几种情况。下面分别举例描述。

1. 述（形）+宾→使令/意愿/处置+兼事+度量变化

在这类活用中，活用形容词根据自身的语义扩展出相应的行为意义或变化意义，活用形容词自身的意义在扩展后的语义结构中充当变化成分；宾语的语义在整个使动述宾结构的语义结构中充当兼事成分，兼表使令的对象和变事成分；述宾结构表示的使动意义则表现为相应的词语。整个语义结构可表示为下式：

使令/意愿/处置＋兼事＋度量变化

例如：

《老子》：小国寡民。

上例中的使动述宾结构“小国寡民”可以变换、调整为如下语法形式：

小国→使国狭小（使＋兼语＋述）→缩小国土（述＋补＋宾）

寡民→使民寡少（使＋兼语＋述）→减少民众（述＋补＋宾）

“小”是“国”的度量变化（国土变小），“少”是“民”的度量变化（民众变少）。

下面是这类活用情况的实例。

昂　《聊斋志异·促织》：市中游侠儿得佳者笼养之，昂其直，居为奇货。——昂其直→使其值昂贵→抬高其值。

白　《荀子·君道》：然而用之者，夫文王欲立贵道，欲白贵名，以惠天下。——白贵名→使贵名显赫。惠天下→使天下受惠。

暴　柳宗元《封建论》：亟役万人，暴其威刑，竭其货贿。——暴其威刑→使其威刑酷暴。

备　《荀子·天论》：圣人清其天君，正其天官，备其天养，顺其天政，养其天情，以全其天功。——清其天君→使其天君清明。正其天官→使其天官端正。备其天养→使其天养完备。

薄　《孟子·尽心上》：易其田畴，薄其税敛，民可使富也。——薄其税敛→使其税敛轻薄→减轻其税敛。

长 《史记·张仪列传》：乃令工人作为金斗，长其尾，令可以击人。——长其尾→使其尾长→加长其尾。

崇 《战国策·楚策一》：故彼崇其爵，丰其禄，以忧社稷者，叶公子高是也。——崇其爵→使其爵崇高。丰其禄→使其俸禄丰厚。

崇 《战国策·秦策一》：欲富者务广其地，欲强者务富其民，欲王者务崇其德。——广其地→扩大其地。富其民→使其民富足。崇其德→使其德崇高→提高其德行。

大 《孟子·梁惠王下》：王请无好小勇。夫抚剑疾视曰："彼恶敢当我哉！"此匹夫之勇，敌一人者也。王请大之。——大之→使之大→扩大之→把它扩大。

大 《史记·苏秦列传》：（苏秦）说湣王厚葬以明孝，高宫室大苑囿以明得意。——高宫室大苑囿→筑高宫室，扩大苑囿。

多 《韩非子·五蠹》：尽其地力以多其积，致其民死以坚其城守。——多其积→使其积蓄增多→增多其积蓄。坚其城守→使城守坚固。

多 《三国志·魏书·国渊传》：夫征讨外寇，多其斩获之数者，欲以大武功。——多其斩获之数→增多斩获之数。大武功→夸大武功。

繁 贾谊《过秦论中》：（秦二世）繁刑严诛，吏治刻深；赏罚无当，赋敛无度。——繁刑→使刑罚繁多→加多刑罚。严诛→使诛杀严酷。

高 《史记·高祖本纪》：郎中郑忠乃说止汉王，使高垒深堑，勿与战。——高垒深堑→加高营垒，挖深壕堑。

寡 《老子》：小国寡民，使有什伯之器而不用，使民重死而不远徙。——小国寡民→使国家狭小，使民众减少。

寡 《孟子·尽心下》：养心莫善于寡欲。——寡欲→减少欲望。

广　《战国策·燕策二》：因其强而强之，乃可折也；因其广而广之，乃可缺也。——强之→使之刚强。广之→使之广大。

广　《三国志·魏书·高柔传》：圣王之御世，莫不以广农为务。——广农→扩大农业生产。

厚　《左传·昭公四年》：楚王方侈，天或者欲逞其心，以厚其毒而降之罚，未可知也。——厚其毒→使其毒害厚重→加深（百姓）对他的痛恨。

缓　《韩非子·五蠹》：使周、卫缓其从衡之计，而严其境内之治，……此必不亡之术也。——缓其从衡之计→使从衡之计缓行→延缓从衡之计。严其境内之治→使其境内之治严明。

急　《战国策·魏策四》：晋人见楚人之急，带剑而缓之，楚人恶其缓而急之。——缓之→使之迟缓。急之→使之迅急。

贱　《史记·平准书》：孝景时，上郡以西旱，亦复修卖爵令，而贱其价以招民。——贱其价→使其价低贱→降低其价。

竭　《三国志·魏书·高堂隆传》：岂可疲民之力，竭民之财！——疲民之力→让民力疲惫。竭民之财→使民财穷尽。

近　《史记·秦始皇本纪》：贱者贵之，贫者富之，远者近之，则上下集而国安矣。——贵之→使之高贵。富之→使之富有。近之→使之近己。

久　王安石《上仁宗皇帝言事书》：贤者则其功可以至于成，不肖者则其罪可以至于著。故久其任而待之以考绩之法。——久其任→使其任期长久。

苛　《荀子·富国》：今之世而不然：厚刀布之敛以夺之财，重田野之税以夺之食，苛关市之征以难其事。——厚刀布之敛→加重刀布之敛。重田野之税→加重土地之税。苛关市之征→使关市之征严苛→严苛地征收关税。

宽　《史记·卫将军骠骑列传》：（上）减陇西、北地、上郡戍卒之半，以宽天下之徭。——宽天下之徭→使天下之徭宽缓→放宽天下之徭。

廉 《战国策·楚策一》：故彼廉其爵，贫其身，以忧社稷者，令尹子文是也。——廉其爵→使其爵低廉→降低自己的爵位。贫其身→使其身清贫。

隆 《韩非子·说林下》：君失齐，虽隆薛城至于天，犹无益也。——隆薛城→加高薛城。

齐 《孟子·告子下》：不揣其本，而齐其末，方寸之木可使高于岑楼。——齐其末→使末端平齐。

轻 《荀子·富国》：轻田野之税，平关市之征。——轻田野之税→减轻田野之税。平关市之征→使关市之征公平。

曲 《说苑·权谋》：客谓主人曰："曲其堗，远其积薪；不者，将有火患。"——曲其堗→使其堗弯曲→把烟囱弄弯曲。远其积薪→搬远积薪→把积薪搬远。

少 贾谊《过秦论中》：轻赋少事，以佐百姓之急。——轻赋少事→减轻赋税，减少事务。

深 《左传·僖公十五年》：晋侯谓庆郑曰："寇深矣，若之何?"对曰："君实深之。可若何?"——深之→使之深入→让他们深入。

深 《谷梁传·庄公九年》：冬，浚洙水。浚洙者，深洙也。——深洙→挖深洙水。

深 《韩非子·解老》：深其根，固其柢，长生久视之道业。——深其根→使其根深→让它深深扎根。固其柢→使其柢稳固→让它的主根稳固。

悉 《战国策·秦策一》：悉其士民，张军数十百万，白刃在前，斧质在后，而皆却走不能死。——悉其士民→征发其全部士民。

悉 《史记·平准书》：数岁道不通，蛮夷因以数攻，吏发兵诛之。悉巴蜀租赋不足以更之。——悉巴蜀租赋→把巴蜀租赋全部拿出。

小　《老子》：小国寡民，使有什伯之器而不用，使民重死而不远徙。——小国寡民→使国家狭小，使民众减少。

异　《三国志·吴书·顾雍传》：臣闻有国有家者，必明嫡庶之端，异尊卑之礼，使高下有差，阶级逾邈。——异尊卑之礼→使尊卑之礼不同。

远　《史记·孝文本纪》：朕既不明，不能远德。——远德→使朕德远播。

重　《左传·襄公三年》：子无重寡人之过。——重寡人之过→加重我的过错。

众　《墨子·耕柱》：和氏之璧、隋侯之珠、三棘六异，此诸侯之所谓良宝也。可以富国家、众人民、治刑政、安社稷乎？——富国家→使国家富足。众人民→使人民众多。治刑政→使刑政清平。安社稷→使国家安定。

2. 述（形）+宾→使令/意愿/处置+兼事+性态变化

在这类活用中，活用形容词根据自身的语义扩展出相应的动作行为意义，活用形容词自身的意义在扩展后的语义结构中充当变化成分（性质状态方面的变化）；宾语的语义在整个使动述宾结构的语义结构中充当兼事成分，兼表使令的对象和变事成分；述宾结构表示的使动意义可表现为相应的词语。整个语义结构可表示为下式：

使令/意愿/处置+兼事+性态变化

例如：

《史记·夏本纪》：卑宫室，致费于沟淢。

上例中的使动述宾结构“卑宫室”可以变换、调整为如下语法形式：

卑宫室→使宫室卑陋（使 + 兼语 + 述）

“卑”是“宫室”的性态变化（宫室变得卑陋）。

下面是这类活用情况的实例。

卑　《战国策·秦策三》：大其都者危其国，尊其臣者卑其主。——大其都→扩大其都城。尊其臣→使其臣尊荣。卑其主→使其主卑下。

敝　《战国策·楚策一》：是以嬖女不敝席，宠臣不敝轩。——敝席→使席破敝→坐破席子。敝轩→使车子损坏→用坏车子。

辩　《韩非子·外储说左上》：墨子之说，传先王之道，论圣人之言以宣告人，若辩其辞，则恐人怀其文而忘其直，以害用也。——辩其辞→使其言辞华丽。

博　《论语·子罕》：夫子循循然善诱人，博我以文，约我以礼，欲罢不能。——博我→使我广博。

定　《左传·成公二年》：韩厥俯定其右。——定其右→把（射倒的）车右扶稳定。

丰　《左传·宣公十二年》：利人之几，而安人之乱，以为己荣，何以丰财？——丰财→使财产丰厚。

丰　曹植《求自试表》：如微才弗试，没世无闻，徒荣其躯而丰其体。——荣其躯而丰其体→使其躯体荣茂丰满。

阜　《史记·周本纪》：先王之于民也，茂正其德而厚其性，阜其财求而利其器用。——茂正其德→使其品德茂盛端正。厚其性→使其品性淳厚。阜其财求→使其财物阜足。

干　《淮南子·说山训》：上求鱼，臣干谷。——干谷→使溪谷干涸。

固　《左传·成公十六年》：楚师轻窕，固垒而待之，三日必退。——固垒→加固营垒。

和　《史记·乐书》：是故君子反情以和其志，比类以成其行。——和其志→使其心志谐和。

涸　《淮南子·主术训》：不涸泽而渔，不焚林而猎。——涸泽→使湖泽干涸。

厚　《史记·范雎蔡泽列传》：臣闻善厚家者取之于国，善厚国者取之于诸侯。——厚家→使家产丰厚。厚国→使国家丰厚。

缓　《韩非子·观行》：西门豹之性急，故佩韦以缓己。——缓己→使自己宽缓。

坚　《史记·白起王翦列传》：王翦至，坚壁而守之。——坚壁→使壁垒坚固→加固壁垒。

洁　《庄子·让王》：今天下暗，周德衰，其并乎周以涂吾身也，不如避之以洁吾行。——洁吾行→使吾德行纯洁→保持我们德行的纯洁。

精　《墨子·尚贤中》：此言三圣人者，谨其言，慎其行，精其思虑。——精其思虑→使其思虑精专。

利　《论语·卫灵公》：工欲善其事，必先利其器。——善其事→使其事完善。利其器→使其器便利。

美　《荀子·劝学》：君子之学也，以美其身。——美其身→使其身美好。

明　《荀子·致士》：夫耀蝉者务在明其火、振其树而已。——明其火→使其火明亮。

明　《战国策·楚策四》：且客献不死之药，臣食之而王杀臣，是死药也！王杀无罪之臣，而明人之欺王。——明人之欺王→表明人之欺王。

谬　王安石《游褒禅山记》：后世之谬其传而莫能名者，何可胜道也哉！——谬其传→使其传谬误。

清　《荀子·天论》：圣人清其天君，正其天官。——清其天君→使其天君清明。正其天官→使其天官端正。

忍 《孟子·告子下》：所以动心忍性，曾益其所不能。——动心→使心惊动（而警惕）。忍性→使性格坚忍。

锐 《史记·绛侯周勃世家》：已而之细柳军，军士吏被甲，锐兵刃。——锐兵刃→使兵刃锐利。

善 《孟子·尽心上》：穷则独善其身，达则兼善天下。——善其身→使其自身完善。

善 《史记·乐书》：乐者，圣人之所乐也，而可以善民心。——善民心→使民心良善。

盛 《史记·孔子世家》：今孔子盛容饰，繁登降之礼。——盛容饰→使容饰盛多。繁登降之礼→使登降之礼烦琐。

完 《庄子·让王》：帝王之功，……非所以完身养生也。——完身→使身体完整→保持身体完整。

信 《史记·夏本纪》：信其道德，谋明辅和。——信其道德→使道德笃信。

朽 毛先舒《戴文进传》：吾瘁吾心力为此，岂徒得糈？意将托此不朽吾名耳。——不朽吾名→不使吾名衰朽。

殷 扬雄《法言·孝至》：君人者，务在殷民阜财。——殷民→使民殷富。

愚 《史记·李斯列传》：始皇可其议，收去《诗》、《书》百家之语以愚百姓，使天下无以古非今。——愚百姓→使百姓愚昧。

彰 《史记·宋微子世家》：为人臣谏不听而去，是彰君之恶而自说于民。——彰君之恶→使君主之恶彰显→彰显君主之恶。

昭 《左传·桓公二年》：君人者将昭德塞违，以临照百官。——昭德→使道德昭明。

正 《论语·尧曰》：君子正其衣冠。——正其衣冠→使其衣冠端正。

足　《盐铁论·本议》：是以先帝建铁官以赡农用，开均输以足民财。——足民财→使民财富足。

尊　孔融《论盛孝章书》：（燕）昭王筑台以尊郭隗，隗虽小才而逢大遇。——尊郭隗→使郭隗尊荣。

3. 述（形）＋宾→使令/意愿/处置＋兼事＋情境变化

在这类活用中，活用形容词根据自身的语义扩展出相应的动作行为意义，活用形容词自身的意义在扩展后的语义结构中充当变化成分（情景处境方面的变化）；宾语的语义在整个使动述宾结构的语义结构中充当兼事成分，兼表使令的对象和变事成分；述宾结构表示的使动意义可表现为相应的词语。整个语义结构可表示为下式：

使令/意愿/处置＋兼事＋情境变化

例如：

《孟子·梁惠王下》：今王亦一怒而安天下之民，民惟恐王之不好勇也。

上例中的使动述宾结构“安天下之民”可以变换、调整为如下语法形式：

安天下之民→使天下之民安定（使＋兼语＋述）

“安”是“天下之民”的处境变化（天下之民变得安定）。

下面是这类活用情况的实例。

败　《史记·苏秦列传》：其后秦使犀首欺齐、魏，与共伐赵，欲败从约。——败从约→使合纵之约败坏。

卑　《韩非子·说疑》：大者不难卑身撙位以下之，小者高爵重禄以利之。——卑身→使自身低下。

敝　《史记·平津侯主父列传》：夫上虚府库，下敝百姓，甘心于外国，非完事也。——虚府库→使府库空虚。敝百姓→使百姓破敝。

弊 《战国策·燕策二》：燕赵久相支，以弊大众。——弊大众→使大众困弊。

常 《韩非子·解老》：日月得之以恒其光，五常得之以常其位，列星得之以端其行。——恒其光→使其光芒永恒。常其位→使其位置久常。端其行→使其运行端正。

达 《论语·雍也》：夫仁者，己欲立而立人，己欲达而达人。——达人→使别人通达。

笃 《礼记·礼运》：礼义以为纪，以正君臣，以笃父子，以睦兄弟，以和夫妇。——正君臣→使君臣正常。笃父子→使父子笃厚。睦兄弟→使兄弟和睦。和夫妇→使夫妇和谐。

敦 《三国志·吴书·三嗣主传》：一岁课试，差其品第，加以位赏。使见之者乐其荣，闻之者羡其誉。以敦王化，以隆风俗。——敦王化→使王化敦厚。隆风俗→使风俗隆盛。

定 曹操《置屯田令》：夫定国之术，在于强兵足食。——定国→使国家安定。

恶 《左传·昭公二十六年》：子西怒曰："是乱国而恶君王也。"——乱国→使国家混乱→搞乱国家。恶君王→使君王丢丑。

肥 《战国策·秦策三》：所以然者，以其伐楚而肥韩魏也。——肥韩魏→使韩魏肥壮→增强韩魏。

富 《荀子·王制》：故王者富民，霸者富士。——富民→使民富足。富士→使武士富足。

孤 《史记·苏秦列传》：楚强则秦弱，秦强则楚弱，其势不两立。故为大王计，莫如从亲以孤秦。——孤秦→使秦孤立。

固 《战国策·秦策三》：臣闻善为国者，内固其威，而外重其权。——固其威→使其威信稳固。重其权→加重其权势。

贵 《史记·李斯列传》：且二世之治岂不乱哉！日者夷其兄弟而自立也，杀忠臣而贵贱人。——贵贱人→使贱人显贵。

和　《左传·隐公四年》：州吁未能和其民。——和其民→使其民和睦。

坏　《史记·平津侯主父列传》：及至秦王，蚕食天下，并吞战国，称号曰皇帝，主海内之政，坏诸侯之城。——坏诸侯之城→使诸侯之盟毁坏→毁坏诸侯之盟。

瘠　《左传·襄公二十九年》：何必瘠鲁以肥杞？——瘠鲁以肥杞→削弱鲁国以增强杞国。

贱　《墨子·尚贤中》：不肖者抑而废之，贫而贱之，以为徒役。——贫而贱之→使之贫穷卑贱。

焦　《荀子·富国》：既以伐其本，竭其原，而焦天下矣。——焦天下→使天下焦枯。

劲　《战国策·东周》：周恐，必以国合于所与粟之国，则是劲王之敌也。——劲王之敌→使王之敌强大。

静　《史记·范雎蔡泽列传》：夫商君为秦孝公明法令，……静生民之业而一其俗。——静生民之业→让人民之业稳定。一其俗→统一其俗。

均　刘蕡《对贤良方正直言极谏策》：臣愿陛下贯文武之道，均兵农之功。——均兵农之功→使军功、农功平等→平等地看待兵农之功。

康　宋濂《大言》：先生不鄙夷敝邑，不远千里，将康我楚邦。——鄙夷敝邑→视敝邑鄙夷。康我楚邦→使我楚国康乐。

空　《史记·仲尼弟子列传》：臣请东见越王，令出兵以从，此实空越，名从诸侯以伐也。——空越→使越国空虚。

隆　曹操《褒枣祗令》：摧灭群逆，克定天下，以隆王室。——隆王室→使王室兴隆。

乱　《史记·高祖本纪》：太公曰："帝，人主也，奈何以我乱天下法！"——乱天下法→使天下法度混乱。

美　《荀子·议兵》：故赏庆、刑罚、势诈之为道者，佣徒粥卖之道也，不足以合大众，美国家。——合大众→使大众团结。美国家→使国家美好。

明 《孟子·公孙丑上》：国家闲暇，及是时，明其政刑，虽大国，必畏之矣。——明其政刑→使其政刑彰明。

宁 《三国志·魏书·崔琰传》：天子在许，民望助顺，不如守境述职，以宁区宇。——宁区宇→使天下安宁。

罢 《战国策·西周》：是天下欲罢秦，故劝王攻周。——罢秦→使秦国疲弱。

贫 《荀子·天论》：强本而节用，则天不能贫；养备而动时，则天不能病；循道而不贰，则天不能祸。——贫（之）→使之贫困。病（之）→使之生病。祸（之）→使之受祸。

平 《吕氏春秋·察传》：夔能和之，以平天下。——平天下→使天下平安。

破敝 《史记·苏秦列传》：（苏秦）说湣王厚葬以明孝，高宫室大苑囿以明得意，欲破敝齐而为燕。——破敝齐→使齐国破敝。

齐 《战国策·赵策二》：进退之节，衣服之制，所以齐常民，非所以论贤者也。——齐常民→使平民整齐一致。

强 《庄子·刻意》：此朝廷之士，尊主强国之人，致功兼并者之所好也。——尊主强国→使主上尊贵，使国家强盛。

勤 《左传·僖公三十三年》：秦违蹇叔，而以贪勤民。——勤民→使人民勤苦。

清 《三国志·魏书·刘放传》：（曹公）奉辞伐罪，所向必克。以二袁之强，守则淮南冰消，战则官渡大败，乘胜席卷，将清河朔。——清河朔→使河朔清平。

全 《荀子·王制》：全其力，凝其德。力全则诸侯不能弱也，德凝则诸侯不能削也。——全其力→使其力完备。

全 《史记·吴太伯世家》：吴王会诸侯于黄池，欲霸中国以全周室。——全周室→使周室完整。

弱　《左传·僖公七年》：夫子华既为大子而求介于大国，以弱其国，亦必不免。——弱其国→使其国衰弱。

实　《史记·殷本纪》：（纣）厚赋税以实鹿台之钱，而盈钜桥之粟。——实鹿台之钱→使鹿台之钱充实。盈钜桥之粟→使钜桥之粟充盈。

同　《国语·周语上》：国之将兴，其君齐明、衷正、精洁、惠和，其德足以昭其馨香，其惠足以同其民人。——同其民人→使其民人一样（享受）。

完　《三国志·魏书·程昱传》：（程）昱至东阿，东阿令枣祗已率厉吏民，拒城坚守。又兖州从事薛悌与昱协谋，卒完三城。——完三城：使此三城完好。

危　《荀子·王制》：聚敛者，召寇、肥敌、亡国、危身之道也。——危身→使自身危亡。

显　《韩非子·有度》：卑主之名以显其身，毁国之厚以利其家。——显其身→使其自身显要。

新　《孟子·滕文公上》：子力行之，亦以新子之国。——新子之国→使你的国家气象一新。

兴　《论语·子路》：一言可以兴邦，有诸？——兴邦→使国家兴盛。

虚　《史记·张仪列传》：楚怀王闻张仪来，虚上舍而自馆之。——虚上舍→空出上等宾馆。

严　《韩非子·五蠹》：使周、卫缓其从衡之计，而严其境内之治，……此必不亡之术也。——严其境内之治→使境内之治严明。

一　《孙子·军争》：夫金鼓旌旗者，所以一人之耳目也。——一人之耳目→使人们视听统一。

尊　《史记·袁盎晁错列传》：夫晁错患诸侯强大不可制，

故请削地以尊京师，万世之利也。——尊京师→使京师尊崇。

4. 述（形） + 宾→使令/意愿/处置 + 兼事 + 态度变化

在这类活用中，活用形容词根据自身的语义扩展出相应的动作行为意义，活用形容词自身的意义在扩展后的语义结构中充当变化成分（态度方面的变化）；宾语的语义在整个使动述宾结构的语义结构中充当兼事成分，兼表使令的对象和变事成分；述宾结构表示的使动意义可表现为相应的词语。整个语义结构可表示为下式：

使令/意愿/处置 + 兼事 + 态度变化

例如：

《战国策·魏策一》：君不如与之，以骄知伯。

上例中的使动述宾结构“骄知伯”可以变换、调整为如下语法形式：

骄知伯→使知伯骄傲（使 + 兼语 + 述）

“骄”是“知伯”的态度变化（知伯变得骄傲）。

下面是这类活用情况的实例。

诚　《礼记·大学》：所谓诚其意，毋自欺也。——诚其意→使其意诚实。

怠　《左传·桓公八年》：楚子伐随，军于汉、淮之间。季梁请下之，弗许而后战，所以怒我而怠寇也。——怒我而怠寇→激怒我军，使敌寇懈怠。

骄　《左传·文公十六年》：姑又与之遇以骄之。彼骄我怒，而后可克。——骄之→使之骄慢。

骄　《史记·魏其武安侯列传》：武安遂怒曰：“此吾骄灌夫罪。”——骄灌夫→纵容灌夫骄横。

谨、慎　《墨子·尚贤中》：此言三圣人者，谨其言，慎其行，精其思虑。——谨其言，慎其行→使其言行谨慎。

劳　《论语·子路》：子路问政。子曰："先之劳之。"——劳之→使之勤劳。

怒　《左传·僖公十四年》：贪爱不祥，怒邻不义。——怒邻→使邻国愤怒。

信　韩愈《原道》：为之符玺、斗斛、权衡以信之。——信之→使之诚信。

直　《孟子·滕文公下》：枉己者，未有能直人者也。——枉己→允许自己枉曲。直人→使人正直。

5. 述（形）＋宾→使令/意愿/处置＋兼事＋感觉变化

在这类活用中，活用形容词根据自身的语义扩展出相应的动作行为意义，活用形容词自身的意义在扩展后的语义结构中充当变化成分（感觉方面的变化）；宾语的语义在整个使动述宾结构的语义结构中充当兼事成分，兼表使令的对象和变事成分；述宾结构表示的使动意义可表现为相应的词语。整个语义结构可表示为下式：

使令/意愿/处置＋兼事＋感觉变化

例如：

《墨子·鲁问》：当一农之耕，分诸天下，不能得一升粟。籍而以为得一升粟，其不能饱天下之饥者，既可睹矣。

上例中的使动述宾结构"饱天下之饥者"可以变换、调整为如下语法形式：

饱天下之饥者→使天下之饥者饱餍（使＋兼语＋述）

饱天下之饥者→让天下之饥者吃饱（让＋兼语＋述＋补）

"饱"是"天下之饥者"的感觉变化（由饥变饱）。

下面是这类活用情况的实例。

安　《论语·宪问》：修己以安人。——安人→使人安乐。

饱　《三国志·魏书·吕布传》：待将军譬如养虎，当饱其肉，不饱则将噬人。——饱其肉→让他吃饱肉。

惫　曾巩《越州赵公救灾记》：公于此时，蚤夜惫心力不少懈，事细巨必躬亲。——惫心力→使心力疲惫。

便　《史记·鲁周公世家》：于是周公作《周官》，官别其宜；作《立政》，以便百姓，百姓说。——便百姓→使百姓便利。

耻　《国语·越语上》：昔者夫差耻吾君于诸侯之国；今越国亦节矣，请报之。——耻吾君于诸侯之国→使吾君于诸侯之国前蒙受耻辱。

饿　《孟子·告子下》：必先苦其心志，劳其筋骨，饿其体肤，空乏其身。——苦其心志，劳其筋骨，饿其体肤，空乏其身→使其心志忧苦，使其筋骨劳累，使其身体饥饿，使其身体空虚疲乏。

贰　《韩非子·五蠹》：是故乱国之俗，其学者称先王之道以籍仁义，盛容服而饰辩说，以疑当世之法，而贰人主之心。——贰人主之心→使人主之心不专一。

烦　《战国策·秦策一》：不费斗粮，未烦一兵，未战一士，未绝一弦，未折一矢，诸侯相亲，贤于兄弟。——未烦一兵→未使一兵烦苦。

甘　《韩非子·扬权》：夫香美脆味，厚酒肥肉，甘口而疾形。——甘口→使口中甘美。

苟　柳宗元《封建论》：守宰者，苟其心，思迁其秩而已。——苟其心→让其心马虎苟且。

固　《史记·留侯世家》：（张）良因说汉王曰："王何不烧绝所过栈道，示天下无还心，以固项王意？"——固项王意→让项王心意安稳。

广　司马迁《报任安书》：适会召问，即以此指，推言陵之功，欲以广主上之意。——广主上之意→使主上心怀宽广。

寒　《孟子·告子上》：虽有天下易生之物也，一日暴之，十日寒之，未有能生者也。——寒之→使之寒冷。

和　《墨子·节用下》：故圣人之为衣服，适身体，和肌肤而足矣。——和肌肤→使肌肤舒和。

饥　《孟子·离娄下》：稷思天下有饥者，由己饥之也。——饥之→使之饥饿。

焦　《史记·夏本纪》：禹伤先人父鲧功之不成受诛，乃劳身焦思，居外十三年，过家门不敢入。——劳身焦思→让身体劳苦，心智焦忧。

惊　《左传·隐公元年》：庄公寤生，惊姜氏，故名曰“寤生”，遂恶之。——惊姜氏→使姜氏惊恐。

惊惧　《史记·司马相如列传》：今闻其乃发军兴制，惊惧子弟，忧患长老，……皆非陛下之意也。——惊惧子弟，忧患长老→使子弟惊惧，使长老忧患。

窘　《战国策·韩策三》：秦楚挟韩以窘魏，魏氏不敢东。——窘魏→使魏国困窘。

渴　《庄子·马蹄》：及至伯乐，曰：“我善治马。”……饥之，渴之，驰之，骤之，整之，齐之，前有橛饰之患，而后有鞭策之威，而马之死者已过半矣。——渴之→使之干渴。

苦　《墨子·贵义》：今天下莫为义，子独自苦而为义，子不若已。——自苦→让自己劳苦。

快　李斯《谏逐客书》：夫击瓮叩缶，弹筝搏髀，而歌呼呜呜快耳目者，真秦之声也。——快耳目→使耳目感到愉快。

快　魏禧《大铁椎传》：贼能且众，吾欲护汝，则不快吾意。——快吾意→使吾意痛快。

愧　《史记·孝文本纪》：群臣如张武等受赂遗金钱，觉，上乃发御府金钱赐之，以愧其心。——愧其心→使其心惭愧。

困　《韩非子·奸劫弑臣》：夫有术者之为人臣也，得效度数之言，上明主法，下困奸臣；以尊主安国者也。——困奸臣→使奸臣困窘。

劳　《左传·僖公三十二年》：劳师以袭远，非所闻也。——劳师→使军队劳苦。

老　《左传·襄公八年》：完守以老楚，杖信以待晋，不亦可乎？——老楚→使楚军疲惫。

乐　《战国策·赵策二》：昔舜舞有苗，而禹袒入裸国，非以养欲而乐志也。——乐志→使心情快乐。

乱　《资治通鉴·晋孝武帝太元七年》：今众言纷纷，徒乱人意，吾当与汝决之。——乱人意→使人心意纷乱。

明　《史记·楚世家》：杀身以明君，臣之愿也。——明君→使君王明白。

难　《战国策·齐策四》：（秦）昭王笑而曰："寡人地数千里，犹未敢以有难也！今孟尝君之地方百里，而因欲难寡人，犹可乎？"——难寡人→使我为难。

宁　《三国志·魏书·王朗传》：安国宁主，其术焉在？——安国宁主→使国家安定，使君主安宁。

罢　《史记·张耳陈余列传》：夫秦为无道，破人国家，灭人社稷，绝人后世，罢百姓之力，尽百姓之财。——罢百姓之力→使百姓疲惫。

戚　《史记·鲁周公世家》：武王有疾，不豫，群臣惧，太公、召公乃缪卜。周公曰："未可以戚我先王。"——戚我先王→使先王忧愁。

憔悴　王安石《度支副使厅壁题名记》：虽欲食蔬衣敝，憔悴其身，愁思其心，以幸天下之给足而安吾政，吾知其犹不得也。——憔悴其身→使其身憔悴。愁思其心→使其心愁思。

穷　《庄子·缮性》：古之存身者，不以辩饰知，不以知穷天下。——穷天下→使天下人窘穷。

热　《庄子·秋水》：至德者，火弗能热，水弗能溺，寒暑弗能害，禽兽弗能贼。——热（之）→使之焦热。

荣　《墨子·节用下》：故圣人之为衣服，……非荣耳目而观愚民也。——荣耳目→让人觉得荣华。

适　《墨子·节用下》：故圣人之为衣服，适身体，和肌肤而足矣。——适身体→使身体舒适。

痛　柳宗元《封建论》：告之以直而不改，必痛之而后畏。——痛之→使之疼痛。

喜　《国语·吴语》：王不如设戎，约辞行成，以喜其民，以广侈吴王之心。——喜其民→使其民欢喜。

羞　《战国策·韩策一》：夫羞社稷而为天下笑，无过此矣。——羞社稷→使社稷羞耻。

易　《墨子·亲士》：是故君子自难而易彼，众人自易而难彼。——自难而易彼→让自己困难，让别人容易。自易而难彼→让自己容易，使他人困难。

娱　《韩非子·孤愤》：昔者郑武公欲伐胡，故先以其女妻胡君，以娱其意。——娱其意→使其心意愉悦。

悦　《孟子·告子上》：故理义之悦我心，犹刍豢之悦我口。——悦我心→让我心里喜悦。悦我口→让我的嘴快活。

说　《史记·仲尼弟子列传》：今王诚发士卒佐之以徼其志，重宝以说其心，卑辞以尊其礼，其伐齐必也。——说其心→使其心中高兴。

足　《左传·襄公二十八年》：庆氏之邑足欲，故亡。——足欲→使欲望满足。

7.3　形容词活用为及物动词意动用法的语义分析

在形容词活用为及物动词意动用法中，活用形容词充当述语，同宾语构成意动述宾结构。一方面，这类述宾结构中的活用形容词也发生语义扩展，扩展出与它自身意义相应的动作行为意义。另一方面，意动述宾结构还表达“评价”“认为”“看待”类语法意义，这类语法意义也可以表现为相应的词语。形容词意动述宾结构的语义是由活用形容词的语义、宾语的语义、意动述宾结构的意动语法意义结合起来构成的。这一语义结构表现为语法结构时，也要经过一定的调整、变换。

形容词活用形成的意动述宾结构的语义结构可表示为下式：

以为 + 兼事 + 结果

上式中的“以为”表示意动意义，包括评价、认为、看待等语义。“兼事”兼表以为的对象和结论针对的人和事物。“结果”表示评价、认为的结论。根据语义结构中具体的语义内容和语义关系，以及结构变换的情况，形容词及物意动用法可再分为几种情况。下面分别举例描述。

1. 述（形）+宾→评价/认为/看待 + 兼事 + 度量结论

在这类活用中，活用形容词根据自身的语义扩展出相应的行为意义，活用形容词自身的意义在扩展后的语义结构中充当结论成分（度量方面的结论）；宾语的语义在整个意动述宾结构的语义结构中充当兼事成分，兼表评价、认为的对象和结论针对的成分；述宾结构表示的意动意义可以表现为相应的词语。整个语义结构可表示为下式：

评价/认为/看待 + 兼事 + 度量结论

例如：

《庄子·秋水》：河伯曰："然则我大天地而小豪末，可乎?"

上例中的意动述宾结构"大天地""小豪末"可以变换、调整为如下语法形式：

大天地→以天地为大（以为＋兼语＋述）

小豪末→以豪末为小（以为＋兼语＋述）

"大""小"是对"天地""豪末"评价的结论。

下面是这类活用情况的实例。

迟 《史记·刺客列传》：顷之，未发，太子迟之。——迟之→以之为迟→认为行动迟。

大 《战国策·魏策三》：吾所大者，无大天地。——吾所大者→我所认为伟大的。

多 《史记·老子韩非列传》：泛滥博文，则多而久之。——多而久之→觉得说得太多太长。

非 《墨子·尚同上》：是以人是其义，以非人之义。——是其义→以其义为是。非人之义→以人之义为非。

老 《汉书·赵充国传》：时充国年七十余，上老之。——老之→认为他年老。

谬 《史记·李斯列传》：始皇下其议丞相。丞相谬其说，绌其辞。——谬其说→以其说为谬。绌其辞→以其辞为绌。

齐 王羲之《兰亭集序》：固知一死生为虚诞，齐彭殇为妄作。——一死生→认为死生一样。齐彭殇→认为长寿和短命相同。

轻 《史记·陈杞世家》：贤哉楚庄王！轻千乘之国而重一言。——轻千乘之国而重一言→视千乘之国为轻而视一言为重。

然 《庄子·秋水》：因其所然而然之，则万物莫不然。——然之→以之为然。

少 《庄子·秋水》：且夫我尝闻少仲尼之闻而轻伯夷之义者。——少仲尼之闻→认为仲尼之闻浅少。

少　《史记·李斯列传》：二世怒曰："吾常多闲日，丞相不来。吾方燕私，丞相辄来请事。丞相岂少我哉？且固我哉?"——少我→认为我年少。固我→认为我固陋。

是　《荀子·修身》：是是、非非谓之知；非是、是非谓之愚。——是是→以是为是。非非→以非为非。非是→以是为非。是非→以非为是。

小　《孟子·尽心上》：孔子登东山而小鲁，登泰山而小天下。——小鲁→觉得鲁国小。小天下→觉得天下小。

新　《墨子·耕柱》：善为政者，远者近之，而旧者新之。——新之→视之为新人（而不厌弃他们）。

远　《左传·哀公七年》：鲁弱晋而远吴，冯恃其众，而背君之盟，辟君之执事，以陵我小国。——弱晋而远吴→认为晋国衰弱而吴国遥远。

长　《国语·周语上》：郑伯捷之齿长矣，王而弱之，是不长老也。——捷：郑文公之名。长：年长。弱之→以之为弱，即认为他衰弱。长老→以老年人为年长，即尊重年老之人。

长　《孟子·告子上》：彼长而我长之，非有长于我也。——长之→认为他年长。

2. 述（形）+宾→评价/认为/看待+兼事+性质结论

在这类活用中，活用形容词根据自身的语义扩展出相应的行为意义，活用形容词自身的意义在扩展后的语义结构中充当结论成分（性质方面的结论）；宾语的语义在整个意动述宾结构的语义结构中充当兼事成分，兼表评价、认为的对象和结论针对的成分；述宾结构表示的意动意义可以表现为相应的词语。整个语义结构可表示为下式：

评价/认为/看待+兼事+性质结论

例如：

《左传·昭公十二年》：齐君弱吾君。

上例中的意动述宾结构“弱吾君”可以变换、调整为如下语法形式：

弱吾君→以为吾君软弱（以为＋兼语＋述）

“弱”是对“吾君”的结论。

下面是这类活用情况的实例。

白　《孟子·告子上》：彼长而我长之，非有长于我也；犹彼白而我白之，从其白于外也。——白之→以之为白。

丑　韩愈《送孟东野序》：天将丑其德莫之顾邪？——丑其德→认为其德行丑恶。

恶　《庄子·山木》：其美者自美，吾不知其美也；其恶者自恶，吾不知其恶也。——自美→认为自己漂亮。自恶→认为自己丑陋。

高　《荀子·强国》：如是，百姓贵之如帝，高之如天，亲之如父母，畏之如神明。——贵之如帝→觉得他尊贵如帝。高之如天→觉得他高大如天。

固　《史记·李斯列传》：二世怒曰：“吾常多闲日，丞相不来。吾方燕私，丞相辄来请事。丞相岂少我哉？且固我哉?”——少我：认为我幼小。固我：认为我固陋。

寡　《左传·成公十三年》：文公即世，穆为不吊，蔑死我君，寡我襄公。——寡我襄公→认为襄公寡弱。

贵　《庄子·刻意》：众人重利，廉士重名，贤人尚志，圣人贵精。——重利→看重私利。重名→看重名誉。尚志→以志节为上。贵精→以精神为贵。

贱　《战国策·齐策四》：左右以君贱之也，食以草具。——贱之→以之为贱。

陋　白居易《与元九书》：夫贵耳贱目，荣古陋今，人之大情也。——看重听到的而轻视看到的，认为古代昌荣而今天俗陋，这是人们的常情。

美 《庄子·齐物论》：毛嫱丽姬，人之所美也。——人之所美→人们都认为美丽。

愚、巧 《吕氏春秋·知度》：人主自智而愚人，自巧而拙人。——自智而愚人→认为自己聪明，认为别人愚蠢。自巧而拙人→认为自己巧妙，认为别人笨拙。

弱 《左传·昭公十二年》：齐君弱吾君，归弗来矣。——弱吾君→认为我们国君软弱。

善 《史记·太史公自序》：夫《春秋》，上明三王之道，下辨人事之纪，别嫌疑，明是非，定犹豫，善善恶恶，贤贤贱不肖。——善善→以善为善。恶恶→以恶为恶。贤贤→以贤为贤。贱不肖→以不肖为贱。

上 《史记·平津侯主父列传》：上笃厚，下智巧。——上笃厚→以笃厚为高尚。下智巧→以智巧为低下。

下 《论衡·齐世》：述事者好高古而下今。——高古而下今→认为古代高尚，今日低下。

贤 《战国策·魏策三》：吾所贤者，无过尧舜。——吾所贤者→我认为贤能的人。

义 《三国志·蜀书·关羽传》：（张）辽以（关）羽言报曹公，曹公义之。——义之→认为他（关羽）有义气。

勇 《韩非子·说难》：自勇其断，则无以其谪怒之；自智其计，则毋以其败穷之。——自勇其断→（君主）自认为他的决断是勇敢。自智其计→自认为他的计谋智慧。

直 《史记·魏其武安侯列传》：上自魏其时，不直武安，特为太后故耳。——不直武安→不认为武安理直。

智 《韩非子·难三》：夫差智太宰嚭而愚子胥，故灭于越。——智太宰嚭→认为太宰嚭聪明。愚子胥→认为伍子胥愚蠢。

壮　《史记·淮阴侯列传》：滕公奇其言，壮其貌，释而不斩。——壮其貌→觉得他相貌雄壮。

拙　《韩非子·说难》：径省其说，则以为不智而拙之。——拙之→觉得他笨拙。

尊　《战国策·齐策四》：与秦为帝，而天下独尊秦而轻齐。——尊秦→认为秦国尊贵。轻齐→轻视齐国。

3. 述（形）+宾→态度+看待+对象

在这类活用中，活用形容词根据自身的语义扩展出相应的行为意义，活用形容词自身的意义在扩展后的语义结构中充当态度成分；宾语的语义在整个意动述宾结构的语义结构中充当对象成分，表示看待的对象；述宾结构表示的意动意义可以表现为相应的词语。整个语义结构可表示为下式：

态度+看待+对象

例如：

《国语·晋语四》：秦晋匹也，何以卑我？

上例中的意动述宾结构“卑我”可以变换、调整为如下语法形式：

卑我→卑视我（态度+看待+对象）→视我卑（看待+对象+态度）

“卑”是对“我”看待的态度。

下面是这类活用情况的实例。

卑　《左传·昭公二十五年》：今夫子卑其大夫而贱其宗，是贱其身也。——卑其大夫→卑视其大夫。贱其宗→贱视其宗族。

鄙　《左传·昭公十六年》：我皆有礼，夫犹鄙我。——鄙我→鄙视我。

薄　《史记·魏其武安侯列传》：太后由此憎窦婴，窦婴亦薄其官，因病免。——薄其官→轻视其官。

慢　《左传·襄公三十一年》：吾闻君子务知大者远者，小人务知小者近者。我小人也。衣服附在吾身，我知而慎之。大官、大邑所以庇身也，我远而慢之。——远而慢之→远离之，轻慢之。

轻　《荀子·修身》：志意修则骄富贵，道义重则轻王公。——轻王公→轻视王公。

轻　《韩非子·内储说上》：越王虑伐吴，欲人之轻死也。——轻死→轻视死亡。

善　《庄子·大宗师》：善妖善老，善始善终。——善视年少和年老，善视生命开始和终结。

小　《史记·管晏列传》：管仲，世所谓贤臣，然孔子小之。——小之→小瞧他。

重　《韩非子·五蠹》：今之县令，一日身死，子孙累世絜驾，故人重之。——重之→着重它。

4. 述（形）＋宾→认为/觉得＋兼事＋感觉

在这类活用中，活用形容词根据自身的语义扩展出相应的行为意义，活用形容词自身的意义在扩展后的语义结构中充当感觉成分；宾语的语义在整个意动述宾结构的语义结构中充当兼事成分，兼表认为/觉得的对象和感觉针对的成分；述宾结构表示的意动意义可以表现为相应的词语。整个语义结构可表示为下式：

认为/觉得＋兼事＋感觉

例如：

《左传·僖公二十三年》：及齐，齐桓公妻之，有马二十乘，公子安之。

上例中的意动述宾结构“安之”可以变换、调整为如下语法形式：

安之→以之为安（以为＋兼语＋述）→觉得这样安适（以为＋兼语＋述）

“安”是对“之”（指代齐国的生活）的感觉。

下面是这类活用情况的实例。

安　《墨子·非乐》：且夫仁者为天下度也，非为其目之所美，耳之所乐，口之所甘，身体之所安。——所美→觉得漂亮的。所乐→觉得快乐的。所甘→觉得甘美的。所安→感到安适的。

便　《史记·秦本纪》：卒用（商）鞅法，百姓苦之；居三年，百姓便之。——苦之→觉得商鞅之法苛苦。便之→觉得商鞅之法便利。

耻　《论语·宪问》：君子耻其言而过其行。——耻其言而过其行→觉得言过其行是可耻的。

耻　韩愈《师说》：今之众人，其下圣人也亦远矣，而耻学于师。——耻学于师→耻于向老师学习。

丑　《史记·游侠列传》：故伯夷丑周，饿死首阳山。——丑周→觉得周朝丑恶。

甘　《文子·微明》：人之将疾，必先不甘粱肉之味。——甘粱肉之味→觉得粱肉味道鲜美。

怪　《战国策·燕策三》：秦武阳色变振恐，群臣怪之。——怪之→觉得秦武阳这副样子很奇怪。

急　《孟子·尽心上》：尧舜之知而不遍物，急先务也；尧舜之仁不遍爱人，急亲贤也。——急先务→知先务最紧迫。急亲贤→知爱贤能最紧要。

乐　《史记·李将军列传》：是时汉边郡李广、程不识皆为名将，然匈奴畏李广之略，士卒亦多乐从李广而苦程不识。——乐从李广→以从李广为乐。苦（从）程不识→以从程不识为苦。

难　《韩非子·观行》：离朱易百步而难眉睫，非百步近而眉睫远也，道不可也。——易百步而难眉睫→觉得看到百步以外很容易，而看到自己的眉毛很难。

奇 柳宗元《与杨诲之书》：足下所持《毛颖传》来，仆甚奇其书。——奇其书→觉得这本书很奇特。

热 《庄子·达生》：子列子问关尹曰："至人潜行不窒，蹈火不热，行乎万物之上而不栗。请问何以至此?"——不热→不感到灼热。

荣 《三国志·魏书·张辽传》：（文帝）给（张）辽母舆车，及兵马送辽家诣屯，敕辽母至，导从出迎。所督诸将吏皆罗拜道侧，观者荣之。——荣之→觉得这样很荣耀。

恬 《荀子·性恶》：轻身而重货，恬祸而广解苟免。——恬祸→对灾祸很恬静。

危 《史记·张仪列传》：臣闻功大者易危，而民敝者怨上。夫守易危之功而逆强秦之心，臣窃为大王危之。——危之→感到危险。

羞 《荀子·正论》：风俗之美，男女自不取于涂，而百姓羞拾遗。——羞拾遗→羞于拾遗→觉得拾遗是羞耻的。

异 陶渊明《桃花源记》：渔人甚异之。——异之→觉得它很奇怪。

易 《新序·杂事》：惜矣，吾先王之听，难剖石而易斩人之足。——难剖石→觉得剖石很难。易斩人之足→觉得斩人之足很容易。

冤 《三国志·吴书·吴主五子传》：（孙权）竟徙（孙）和于故鄣，群司坐谏诛放者十数。众咸冤之。——冤之→觉得他很冤枉。

7.4　形容词活用为及物动词为动用法的语义分析

在形容词活用为及物动词为动用法中，活用形容词充当述语，同宾语构成为动述宾结构。这类述宾结构主要表达“对待、感受”类语法意义，这类语法意义也可以表现为相应的词语。形容词为动述宾结构的语义是由活用形容词的语义、宾语的语义、为动述宾结构的为动语法意义结合起来构成的。这一语义结构表现为语法结构时，也要经过一定的调整、变换。

形容词活用形成的为动述宾结构的语义结构可表示为下式：

为/对＋对象＋态度/感受

上式中的“为/对”表示为动意义，包括对待、感受等语义。“对象”表示对待的对象或感受的原因。“态度、感受”是行为主体的行为。根据语义结构中具体的语义内容和语义关系，以及结构变换的情况，形容词活用为及物动词为动用法可再分为两种情况。下面分别举例描述。

1. 述（形）＋宾→对＋对象＋态度

在这类活用中，活用形容词根据自身的语义扩展出相应的行为意义，活用形容词自身的意义在扩展后的语义结构中充当态度成分；宾语的语义在整个为动述宾结构的语义结构中充当对象成分。述宾结构表示的为动意义可以表现为相应的词语。整个语义结构可表示为下式：

对＋对象＋态度

例如：

《墨子·天志上》：强者不劫弱，贵者不傲贱。

上例中的为动述宾结构“傲贱”可以变换、调整为如下语法形式：

傲贱→对贱者傲慢（对＋介宾＋述）

“傲”是贵者对“贱者”的态度。

下面是这类活用情况的实例。

暴 《孟子·离娄上》：暴其民，甚则身弑国亡，不甚则身危国削。——暴其民→对其民暴虐。

便 《史记·高祖本纪》：汉王三让，不得已，曰：“诸君必以为便，便国家。”——便国家→对国家便利。

怠 柳宗元《送薛存义序》：今我受其直，怠其事者，天下皆然。——怠其事→对其事懈怠。

缓 《三国志·魏书·武帝纪》：彼素畏（袁）绍等，吾急之则并力，缓之则自相图，其势然也。——缓之→对其松缓。急之→对其急迫。

惠 《荀子·正论》：杀人者不死，伤人者不刑，是谓惠暴而宽贼也，非恶恶也。——惠暴而宽贼→对凶暴之人仁惠，对贼寇宽恕。

骄 《史记·魏公子列传》：公子为人仁而下士，士无贤不肖皆谦而礼交之，不敢以其富贵骄士。——下士→对士人谦下。骄士→对士人傲慢。

宽 《墨子·非攻下》：督以正，义其名，必务宽吾众，信吾师，以此授诸侯之师，则天下无敌矣。——宽吾众→对自己的民众宽厚。

慢 《三国志·魏书·杜袭传》：太祖曰：“许攸慢吾，如何可置乎?”——慢吾→对我怠慢。

怒 《韩非子·五蠹》：今有不才之子，父母怒之弗为改，乡人谯之弗为动，师长教之弗为变。——怒之→对他发怒。

忍 《韩非子·内储说下》：公不忍之，彼将忍公。——忍之→对其残忍。忍公→对您残忍。

善 《战国策·秦策四》：天下莫强于秦、楚。今闻大王欲伐楚，此犹两虎相斗 而驽犬受其弊，不如善楚。——善楚→对楚国友善。

下 《战国策·中山》：主折节以下其臣，臣推体以下死士。——下其臣→对其臣谦下。下死士→对死士谦下。

2. 述（形）+宾→对/为+对象/原因+感受

在这类活用中，活用形容词根据自身的语义扩展出相应的行为意义，活用形容词自身的意义在扩展后的语义结构中充当感受成分；宾语的语义在整个为动述宾结构的语义结构中充当原因成分。述宾结构表示的为动意义可以表现为相应的词语。整个语义结构可表示为下式：

对/为+对象/原因+感受

例如：

《左传·文公六年》：秦伯任好卒，以子车氏之三子奄息、仲行、鍼虎为殉，皆秦之良也。国人哀之，为之赋《黄鸟》。

——任好：即秦穆公。哀之：为此事而悲痛。

上例中的为动述宾结构“哀之”可以变换、调整为如下语法形式：

哀之→为之哀痛（对+介宾+述）

“哀”是“国人”对“子车氏三子为殉”的感受。

下面是这类活用情况的实例。

哀 《晏子春秋·外篇第七》：若使古之王者如毋有残，自昔先君太公至今尚在，而君安得此国而哀之？——哀之→为之哀伤。

安 《孟子·离娄上》：不仁者可与言哉？安其危而利其灾。——安其危→对其危难心安理得。利其灾→于其灾难中取利。

悲 《史记·郑世家》：郑相子产卒，郑人皆哭泣，悲之如亡亲戚。——悲之→为之悲痛。

悲 《韩非子·和氏》：吾非悲刖也，悲夫宝玉而题之以石，贞士名之以诳，此吾所以悲也。——悲刖→为被刖而悲哀。悲夫宝玉而题之以石，贞士名之以诳→为宝玉题之以石、贞士名之诳人而悲伤。

惭 江淹《别赋》：乃有剑客惭恩，少年报士。——惭恩→因受恩而惭愧。

耻 《史记·伍子胥列传》：前日王欲伐齐，子胥以为不可，王卒伐之而有大功。子胥耻其计谋不用，乃反怨望。——耻其计谋不用→因其计谋不用而羞耻。

悼 《三国志·魏书·邓艾传》：（邓）艾心怀至忠而荷反逆之名，平定巴蜀而受夷灭之诛，臣窃悼之。——悼之→为之痛悼。

悔 《史记·吴太伯世家》：且勾践为人能辛苦，今不灭，后必悔之。——悔之→为此后悔。

急 《史记·晋世家》：楚围宋，宋复告急晋。……先轸曰："执曹伯，分曹、卫地以与宋，楚急曹、卫，其势宜释宋。"——楚急曹、卫→楚国为曹国、卫国着急。

惊怖 《庄子·逍遥游》：吾惊怖其言，犹河汉而无极也。——惊怖其言→为其言而震惊惶恐。

惊怪 《史记·刺客列传》：酒酣，严仲子奉黄金百溢，前为聂政母寿。聂政惊怪其厚，固谢严仲子。——惊怪其厚→为其礼之厚重而惊讶奇怪。

苦 《韩非子·五蠹》：泽居苦水者，买庸而决窦。——苦水→为水患而受苦。

快 《三国志·魏书·张郃传》：（张）郃快军败，出言不逊。——快军败→为我军败而快意。

愧　《荀子·儒效》：其穷也，俗儒笑之；其通也，……众人愧之。——愧之→为之羞愧。

困　《三国志·魏书·陈思王曹植传》：而数年以来，水旱不时，民困衣食。——困衣食→因衣食不足而困苦。

劳　《吕氏春秋·疑似》：此褒姒之所用死，而平王以东徙也，秦襄、晋文之所以劳王而赐地也。——劳王→为王室辛劳。

乐　《史记·赵世家》：缪王使造父御，西巡狩，见西王母，乐之忘归。——乐之→为此快乐。

难　《左传·襄公十三年》：新军无帅，晋侯难其人。——难其人→为其人选为难。

罢　《史记·高祖本纪》：楚汉久相持未决，丁壮苦军旅，老弱罢转饷。——苦军旅→因军旅而受苦。罢转饷→因运而疲劳。

戚　《史记·司马相如列传》：昔者鸿水浡出，氾滥衍溢，民人登降移徙，崎岖而不安。夏后氏戚之。——戚之→为之忧戚。

勤　《国语·鲁语上》：契为司徒而民辑，冥勤其官而水死。——勤其官→为尽职而勤苦。

伤　《史记·扁鹊仓公列传》：（父）骂曰："生子不生男，缓急无可使者！"于是少女缇萦伤父之言，随父西。——伤父之言→为父亲的话而悲伤。

痛　曹丕《与吴质书》：昔伯牙绝弦于钟期，仲尼覆醢于子路，痛知音之难遇，伤门人之莫逮也。——痛知音之难遇→为知音难遇而痛心。伤门人之莫逮→为门人无及子路者而悲伤。

7.5 形容词活用为名词的语义分析

在形容词活用为名词的用法中，活用形容词大多处在宾语的位置上，而且多采用对举或连用的方式。在这类活用中，活用形容词也发生语义扩展情况，扩展出同活用形容词本身语义相关的人和事物意义。这种语义扩展的情况可表示为下式：

性质→性质 + 人/事物/空间

形容词用为名词的用法绝大部分出现在性质形容词小类中，其他小类的用例很少，所以下面不再细分，一并描述如下。

暴 《淮南子·主术训》：其次赏贤而罚暴。——贤→贤能者。暴→暴虐者。

卑 《孟子·滕文公下》：在于王所者，长幼卑尊皆薛居州也，王谁与为不善？——卑→卑下者。尊→尊贵者。

大 《孟子·梁惠王上》：小固不可以敌大。——小→小国。大→大国。

肥 晁错《论贵粟疏》：乘坚策肥，履丝曳缟。——坚→坚车。肥→肥马。

肥甘 《孟子·梁惠王上》：为肥甘不足于口与？轻煖不足于体与？——肥甘→肥甘的饮食。轻煖→轻煖的衣物。

富 《墨子·兼爱中》：天下之人皆不相爱，强必执弱，富必侮贫，贵必敖贱，诈必欺愚。——强→强者。弱→弱者。富→富者。贫→贫者。贵→高贵者。贱→低贱者。诈→奸诈者。愚→愚笨者。

高 《荀子·劝学》：吾尝跂而望矣，不如登高之博见也。——高→高处。

寡 贾谊《过秦论中》：诸侯力政，强侵弱，众暴寡。——众→人多的。寡→人少的。

贵　《左传·宣公十二年》：贵有常尊，贱有等威，礼不逆矣。——贵→尊贵者。贱→低贱者。

坚　《史记·项羽本纪》：夫被坚执锐，义不如公；坐而运策，公不如义。——坚→坚甲。锐→锐兵。

乱　《史记·秦始皇本纪》：先王知雍蔽之伤国也，故置公卿大夫士，以饰法设刑，而天下治。其强也，禁暴诛乱而天下服；其弱也，五伯征而诸侯从。——暴→暴行。乱→作乱者。

罢　贾谊《过秦论下》：（秦）收弱扶罢，以令大国之君，不患不得意于海内。——弱→弱者。罢→疲惫者。

戚　《孟子·梁惠王下》：国君进贤，如不得已，将使卑逾尊，疏逾戚，可不慎与？——卑→卑贱者。尊→尊贵者。疏→疏远者。戚→戚近者。

强　贾谊《过秦论中》：诸侯力政，强侵弱，众暴寡。——强→强者。弱→弱者。

仁　《左传·成公五年》：神福仁而祸淫。——仁→仁者。淫→淫者。

疏　《荀子·君子》：故尚贤使能，等贵贱，分亲疏，序长幼，此先王之道也。——亲→亲近者。疏→疏远者。

下　《国语·吴语》：今王既变鲧、禹之功，而高高下下，以罢民于姑苏。——高→高处。下→下处。高、下：此处指台榭、池塘。

小　《论语·卫灵公》：小不忍，则乱大谋。——小→小事。大→大事。

小　《韩非子·五蠹》：不救小而伐大，则失天下。——小→小国。大→大国。

小寡　《左传·僖公二十一年》：崇明祀，保小寡，周礼也。——小寡→小寡之国。

贤　《荀子·君子》：故尚贤使能，等贵贱，分亲疏，序长幼，此先王之道也。——贤→贤者。能→能者。亲→亲近者。疏→疏远者。

尊 《孟子·万章下》：为贫者，辞尊居卑，辞富居贫。——尊→尊位。卑→卑位。富→富贵。贫→贫寒。

第八章　动词活用的语义分析

动词表示动作行为、心理状态、存在变化等。由于动词具有很强的联系能力，所以在句子中做谓语是动词的常规功能。不过，在进入具体的语句后，在句法结构和句中诸成分的制约作用下，动词也会在语义上发生临时性的语义变异情况，同动词原有的语义有所不同。下面我们对动词活用的情况进行语义分析。

8.1　动词使动用法的语义分析

在动词使动用法中，活用动词充当述语，同宾语构成使动述宾结构，其语义在使动述宾结构的语义结构中充当一定的成分。这类使动述宾结构也表达“使令”“意愿”“允让”“处置”类语法意义，这类语法意义也可以表现为相应的词语。使动述宾结构的宾语的语义也在语义结构中充当相应的成分。所以，动词使动述宾结构的语义是由活用动词的语义、宾语的语义、使动述宾结构的使动语法意义结合起来构成的。动词活用形成的使动述宾结构的语义结构可表示为下式：

使令＋兼事＋行为/心理/变化

上式中的“使令”表示使动意义，包括意愿、允让、处置等语义。“兼事”兼表使令的对象和产生行为、变化的人和事物。“行为/心理/变化”表示兼事在受到使令后出现的各种行为和变化。根据语义结构中具体的语义内容和语义关系，以及结构变换的情况，动词使动用法可再分为几种情况。下面分别举例描述。

1. 述（动）+宾→使令/意愿/处置+兼事+位移

在这类活用中，活用动词自身的语义在整个述宾结构的语义结构中充当位移成分；宾语的语义在整个使动述宾结构的语义结构中充当兼事成分，兼表使令的对象和位移的人和事物；述宾结构表示的使动意义则表现为相应的词语。整个语义结构可表示为下式：

使令/意愿/处置+兼事+位移

例如：

《论语·季氏》：故远人不服，则修文德以来之。

上例中的使动述宾结构“来之”可以变换、调整为如下语法形式：

来之→使之来（使+兼语+述）

“来”是“远人”受到“修文德”的影响而可能出现的位移变化，当然也是“修文德”的目的。

这种情况主要出现在位移动词小类中。下面是这类活用情况的实例。

辟　《战国策·魏策四》：今臣爵至人君，走人于庭，辟人于途。——走人→使人奔走。辟人→使人避让。

朝　《孟子·梁惠王上》：然则王之所大欲可知已：欲辟土地，朝秦楚，莅中国，而抚四夷也。——朝秦楚→使秦、楚来朝。

沉　《史记·项羽本纪》：项羽乃悉引兵渡河，皆沉船，破釜甑，烧庐舍，持三日粮，以示士卒必死，无一还心。——沉船→把船弄沉。破釜甑→打破釜甑。

驰　孔融《论盛孝章书》：公诚能驰一介之使，加咫尺之书，则孝章可致，友道可弘矣。——驰一介之使→使一个使者驰往。

出　《左传·襄公十四年》：晋侯曰："卫人出其君，不亦甚乎？"——出其君→把他们的国君赶出去。

出　马中锡《中山狼传》：狼度简子之去已远，而作声囊中曰："先生可留意矣，出我囊，解我缚，拔矢我臂，我将逝矣。"先生举手出狼。——出我囊→把我从囊中放出来。出狼→把狼放出来。

从　《史记·田叔列传》：卫将军从此两人过平阳主。——从此两人→使此两人跟从→带着此两人。

登　《史记·郑世家》：（解扬）过郑，郑与楚亲，乃执解扬而献楚。楚王厚赐与约，使反其言，令宋趣降，三要乃许。于是楚登解扬楼车，令呼宋。——登解扬楼车→让解扬登上楼车。

反　《谷梁传·宣公二年》：赵穿弑公而后反赵盾。——反赵盾→让赵盾返国。

飞　《墨子·鲁问》：公输子削竹木以为鹊，成而飞之，三日不下。——飞之→使之飞起。

蜚　《庄子·秋水》：风曰："……夫折大木，蜚大屋者，唯我能也。"——蜚大屋→吹飞大屋。

浮　《史记·滑稽列传》：当其时，巫行视小家女好者，云"是当为河伯妇"，即娉取。……共粉饰之，如嫁女床席，令女居其上，浮之河中。始浮，行数十里乃没。——浮之河中→使之漂浮于河中。

复　《左传·襄公二十六年》：声子曰："子行也！吾必复子。"——复子→让您回去。

附　贾谊《论积贮疏》：怀敌附远，何招而不至？——怀敌附远→使敌人归顺，使远人归附。

归　《战国策·楚策二》：齐王归楚太子，太子归，即位为王。——归楚太子→让楚太子归国。

进 《墨子·兼爱中》：越王亲自鼓其士而进之。——进之→使之前进。

来 《左传·襄公二十一年》：子为正卿，而来外盗。——来外盗→使外盗进来。

起 陈子昂《谏用刑书》：且愚人安则乐生，危则思变。故事有招祸，而法有起奸。——起奸→引起奸邪。

去 《史记·伯夷列传》：左右欲兵之。太公曰："此义人也。"扶而去之。——去之→使之离去。

却 贾谊《过秦论上》：乃使蒙恬北筑长城而守藩篱，却匈奴七百余里。——却匈奴→使匈奴退却。

入 《史记·秦本纪》：秦使人告晋大臣，欲入重耳，晋许之。——入重耳→让重耳进入（晋国）。

入 宗臣《报刘一丈书》：门者又得所赠金，则起而入之。——入之→让他入门。

逃 《说苑·至公》：吾在难中，此乃子报怨之时也，何故逃我？——逃我→让我逃脱。

退 《国语·越语上》：凡我父兄、昆弟及国子姓，有能助寡人谋而退吴者，吾与之共知越国之政。——退吴→使吴国撤退。

下 《战国策·楚策四》：更羸以虚发而下之。——下之→使它（鸟）落下。

行 《左传·昭公元年》：五月庚辰，郑放游楚于吴。将行子南，子产咨于大叔。——行子南→让子南行动。

行 柳宗元《永州韦使君新堂记》：始命芟其芜，行其涂。——行其涂→使其涂通行。芟：削除。芜：荒草。涂：污泥，指道路。

行 柳宗元《钴鉧潭记》：予乐而如其言，则崇其台，延其槛，行其泉。——行其泉→让泉水畅行。

游　《庄子·至乐》：夫以鸟养养鸟者，宜栖之深林，游之坛陆，浮之江湖，食之鳅鲦，随行列而止，委蛇而处。——游之坛陆→让它遨游于沙渚。

骤　《庄子·马蹄》：及至伯乐，曰："我善治马。"……饥之，渴之，驰之，骤之，整之，齐之。——驰之，骤之→使之狂奔迅跑。

走　《史记·魏世家》：秦破我及韩、赵，杀十五万人，走我将芒卯。——走我将芒卯→打跑了我将芒卯。

走　《三国志·吴书·周瑜传》：（周瑜）视死如归，故能摧曹操于乌林，走曹仁于郢都。——走曹仁→打得曹仁逃走。

2. 述（动）+宾→使令/意愿/处置+兼事+心理变化

在这类活用中，活用动词自身的语义在整个述宾结构的语义结构中充当心理变化成分；宾语的语义在整个使动述宾结构的语义结构中充当兼事成分，兼表使令的对象和产生心理变化的人；述宾结构表示的使动意义则表现为相应的词语。整个语义结构可表示为下式：

使令/意愿/处置+兼事+心理变化

例如：

《墨子·杂守》：客众而勇，轻意见威，以骇主人。

上例中的使动述宾结构"骇主人"可以变换、调整为如下语法形式：

骇主人→使主人惊骇（使+兼语+述）

"骇"是"主人"受到外部影响而出现的心理变化。

这种情况主要出现在心理动词小类中。下面是这类活用情况的实例。

服　《孟子·离娄下》：以善服人者，未有能服人者也；以善养人，然后能服天下。——服人→使人佩服。

怀 《论语 · 公冶长》：老者安之，朋友信之，少者怀之。——信之→使他们信任（自己）。怀之→使他们怀念（自己）。

患 《国语 · 楚语上》：叔段以京患庄公。——患庄公→使庄公忧患。

惧 《左传 · 襄公二十五年》：一与一，谁能惧我？——惧我→让我惧怕。

觉 王安石《王深父墓志铭》：以明先王之道，觉后世之民。——觉后世之民→后世之民觉悟。

恐 《史记 · 秦始皇本纪》：李斯因说秦王，请先取韩以恐他国。——恐他国→使他国恐惧。

亲 《韩非子 · 初见秦》：臣昧死，愿望见大王，言所以破天下之从，举赵，亡韩，臣荆魏，亲齐燕，以成霸王之名，朝四邻诸侯之道。——亲齐燕→使齐燕亲近（我们）。

诎 《战国策 · 秦策一》：今欲并天下，凌万乘，诎敌国，制海内，子元元，臣诸侯，非兵不可。——诎敌国→使敌国屈服。

屈 《孙子 · 谋攻》：不战而屈人之兵，善之善者也。——屈人之兵→使敌军屈服。

辱 《战国策 · 韩策二》：臣所以降志辱身居市井者，徒幸以养老母。——辱身→使自身受辱。

威 《左传 · 宣公十二年》：今我使二国暴骨，暴矣；观兵以威诸侯，兵不戢矣。——威诸侯→使诸侯畏惧。威：同“畏”。

畏 《战国策 · 西周》：秦欲攻周，周最谓秦王曰：“为王之国计者不攻周，攻周，实不足以利国而声畏天下。天下以声畏秦；必东合于齐。”——畏天下→使天下畏惧。

悟 《庄子 · 田子方》：物无道，正容以悟之，使人之意也消。——悟之→使之悔悟。

寤 曹植《求自试表》：昔毛遂赵之陪隶，犹假锥囊之喻，以寤主立功。——寤主→使主人悟解。寤：同“悟”。

信 《墨子·非攻下》：督以正，义其名，必务宽吾众，信吾师。——信吾师→使吾师信吾。

疑 《战国策·秦策三》：夫以曾参之贤与母之信也，而三人疑之。——疑之→使她（曾参母亲）怀疑。

悦 《孟子·离娄上》：悦亲有道，反身不诚，不悦于亲矣。——悦亲→让双亲喜欢（自己）。

3. 述（动）+宾→使令/意愿/处置+兼事+生存变化

在这类活用中，活用动词自身的语义在整个述宾结构的语义结构中充当生存变化成分；宾语的语义在整个使动述宾结构的语义结构中充当兼事成分，兼表使令的对象和生存变化的人和事物；述宾结构表示的使动意义则表现为相应的词语。整个语义结构可表示为下式：

使令/意愿/处置+兼事+生存变化

例如：

《左传·昭公十三年》：诸侯修盟，存小国也。

上例中的使动述宾结构“存小国”可以变换、调整为如下语法形式：

存小国→使小国生存（使+兼语+述）

“存”是“小国”受到外部影响而出现的生存变化。

这种情况主要出现在存变动词小类中。下面是这类活用情况的实例。

败 《左传·成公十七年》：栾书怨郤至，以其不从己而败楚师也，欲废之。——败楚师→使楚军失败。

毙 《左传·成公十六年》：若欲得志于鲁，请止行父而杀之，我毙蔑也。——毙蔑→把蔑杀死。蔑：人名。

变 《孟子·滕文公上》：吾闻用夏变夷者，未闻变于夷。——变夷→使夷族变化。

宾 《史记·司马相如列传》：夫不顺者已诛，而为善者未赏，故遣中郎将往宾之。——宾之→使之宾服。

病 《荀子·天论》：强本而节用，则天不能贫；养备而动时，则天不能病；循道而不贰，则天不能祸。——病（之）→使之生病。

存 《史记·范雎蔡泽列传》：故比干忠而不能存殷，子胥智而不能完吴。——存殷→使殷国生存。

荡 《左传·僖公三年》：齐侯与蔡姬乘舟于囿，荡公。——荡公→使齐侯摇荡。

动 《孟子·梁惠王下》：天下固畏齐之强也，今又倍地而不行仁政，是动天下之兵也。——动天下之兵→使天下之兵行动。

复 《左传·襄公十年》：王叔陈生与伯舆争政。王右伯舆，王叔陈生怒而出奔。及河，王复之。——复之→让他复官。

覆 《论语·阳货》：子曰："恶紫之夺朱也，恶郑声之乱雅乐也，恶利口之覆邦家者。"——覆邦家→使家国覆亡。

合 《荀子·议兵》：故赏庆、刑罚、势诈之为道者，佣徒粥卖之道也，不足以合大众，美国家。——合大众→使大众合聚。

化 陈子昂《谏用刑书》：臣闻古之御天下者，其政有三。王者化之，用仁义也。霸者威之，任权智也。强者胁之，务刑罚也。是以化之不足然后威之，威之不变然后刑之。——化之→使之感化。

活 《庄子·外物》：我，东海之波臣也。君岂有斗升之水而活我哉！——活我→使我活命。

疾　《韩非子·扬权》：夫香美脆味，厚酒肥肉，甘口而疾形。——疾形→使身体生病。

亏　《墨子·兼爱上》：子自爱不爱父，故亏父而自利。——亏父→让父亲亏损。

离　《史记·田敬仲完世家》：中国白头游敖之士皆积智欲离齐秦之交。——离齐秦之交→使齐秦邦交离散。

立　《史记·魏公子列传》：然（侯）嬴欲就公子之名，故久立公子车骑市中。——立公子车骑市中→让公子站立在车骑闹市中。

免　《左传·成公二年》：人不难以死免其君，我戮之不祥，赦之以劝事君者。——免其君→使其君免祸。

破　《孙子·谋攻》：凡用兵之法，全国为上，破国次之。——破国→攻破敌国。

破　《史记·廉颇蔺相如列传》：使赵不将括即已，若必将之，破赵军者必括也。——破赵军→使赵军破灭。

栖　《史记·越王勾践世家》：吴师败，越遂复栖吴王于姑苏之山。——栖吴王于姑苏之山→把吴王流放于姑苏之山。

倾　《史记·齐太公世家》：周西伯昌之脱羑里归，与吕尚阴谋修德以倾商政。——倾商政→使商政倾覆。

生　《孟子·告子上》：拱把之桐梓，人苟欲生之，皆知所以养之者。——生之→使之生长。

生　《史记·伍子胥列传》：楚之召我兄弟，非欲以生我父也，恐有脱者后生患，故以父为质，诈召二子。——生我父→让我父亲生存。

死　高启《书博鸡者事》：若欲死而父，即前斗。——死而父→让而父死。

死　马中锡《中山狼传》：其意盖将死我于囊而独窃其利也。——死我于囊→让我死于囊。

脱　《史记·汲郑列传》：郑庄以任侠自喜，脱张羽于厄，声闻梁楚之间。——脱张羽于厄→使张羽解脱于厄难。

亡　《左传·昭公二十一年》：司马以吾故亡其良子。死亡有命，吾不可以再亡之。——亡其良子→使其良子逃亡。

亡　《史记·淮南衡山列传》：吾不听公言，卒亡淮南王。——亡淮南王→让淮南王死了。

息　《孟子·滕文公下》：我亦欲正人心，息邪说，距诐行，放淫辞，以承三圣者，岂好辩哉？——息邪说→使邪说止息。

降　《史记·魏豹彭越列传》：项羽已破秦，降章邯。——降章邯→使章邯投降。

休　《左传·襄公二十八年》：吾乃休吾民矣。——休吾民→让吾民休息。

行　柳宗元《钴鉧潭记》：予乐而如其言，则崇其台，延其槛，行其泉。——行其泉→让泉水畅行。

长　《孟子·告子下》：长君之恶其罪小，逢君之恶其罪大。——长君之恶→助长君主之恶行。

4. 述（动）＋宾→使令/意愿/处置＋兼事＋生活行为

在这类活用中，活用动词自身的语义在整个述宾结构的语义结构中充当生活行为成分；宾语的语义在整个使动述宾结构的语义结构中充当兼事成分，兼表使令的对象和发出生活行为的人；述宾结构表示的使动意义则表现为相应的词语。整个语义结构可表示为下式：

使令/意愿/处置＋兼事＋生活行为

例如：

《左传·宣公二年》：秋九月，晋侯饮赵盾酒。

上例中的使动述宾结构“饮赵盾”可以变换、调整为如下语法形式：

饮赵盾→请赵盾饮（使＋兼语＋述）

“饮”是“赵盾”受到晋侯之请而发出日常生活行为。

这种情况主要出现在身体动词小类中。下面是这类活用情况的实例。

啖　《论衡·自纪》：夫不得心意所欲，虽尽尧舜之言，犹饮牛以酒，啖马以哺也。——饮牛→给牛喝。啖马→给马吃。

负　《左传·昭公四年》：王弗听，负之斧钺，以徇于诸侯。——负之斧钺→让他（庆封）背上斧钺。

见　《墨子·公输》：子墨子曰：“胡不见我于王？”——见我于王→让我见楚王。

劳　《论语·子张》：君子信而后劳其民；未信，则以为厉己也。——劳其民→使其民劳动。

佩　《左传·闵公二年》：大子帅师，公衣之偏衣，佩之金玦。——佩之金玦→给他佩上金玦。

泣　苏轼《赤壁赋》：客有吹洞箫者，倚歌而和之。其声呜呜然，如怨如慕，如泣如诉；余音袅袅，不绝如缕，舞幽壑之潜蛟，泣孤舟之嫠妇。——舞幽壑之潜蛟→使幽壑潜蛟起舞。泣孤舟之嫠妇→使孤舟寡妇哭泣。

舍　《战国策·齐策一》：于是舍之上舍，令长子御，旦暮进食。——舍之上舍→让他住进上舍。

食　《左传·宣公二年》：将战，华元杀羊食士。——食士→给士卒吃。

闻　《史记·荆燕世家》：今卿最幸，大臣所敬，何不风大臣以闻太后？太后必喜。——闻太后→让太后闻知。

饮　《国语·晋语五》：伯宗曰：“吾饮诸大夫酒，而与之语，尔试听之。”——饮诸大夫酒→请诸大夫饮酒。

战　《战国策·秦策一》：当此之时，天下之大，万民之众，王侯之威，谋臣之权，皆欲决苏秦之策。不费斗粮，未烦一兵，未战一士，未绝一弦，未折一矢，诸侯相亲，贤于兄弟。——未战一士→没有使一个士兵作战。

醉　《史记·齐太公世家》：齐襄公与鲁君饮，醉之。——醉之→灌醉了鲁君。

坐　《史记·魏其武安侯列传》：（武安）尝召客饮，坐其兄盖侯南乡，自坐东乡。——坐其兄盖侯南乡→让其兄盖侯面南而坐。

8.2　动词为动用法的语义分析

在动词为动用法中，活用动词充当述语，同宾语构成为动述宾结构。这类述宾结构主要表达“针对、原因、目的”类为动语法意义，这类语法意义也可以表现为相应的词语。动词为动述宾结构的语义是由活用动词的语义、宾语的语义、为动述宾结构的为动语法意义结合起来构成的。这一语义结构表现为语法结构时，也要经过一定的调整、变换。动词活用形成的为动述宾结构的语义结构可表示为下式：

为/对＋对象/原因/目的＋行为/变化

上式中的“为/对”表示为动意义，“对象/原因/目的”表示动作行为针对的对象或动作行为发出的原因、目的。“行为/变化”是一定的主体发出的动作行为或出现的变化。根据语义结构中具体的语义内容和语义关系，以及结构变换的情况，动词为动用法可再分为几种情况。下面分别举例描述。

1. 述（动）＋宾→对＋对象＋动作行为

在这类活用中，活用动词自身的意义在扩展后的语义结构中充当动作行为成分；宾语的语义在整个为动述宾结构的语义结构中充当对象成分。述宾结构表示的为动意义可以表现为相应的词语。整个语义结构可表示为下式：

对 + 对象 + 动作行为

例如：

《左传·襄公二十二年》：君三泣臣矣，敢问谁之罪也？

上例中的为动述宾结构“泣臣”可以变换、调整为如下语法形式：

泣臣→对臣哭泣（对 + 介宾 + 述）

“泣”是“君”针对对象“臣”发出的动作行为。

下面是这类活用情况的实例。

报　干宝《搜神记》：即以斧破其背，得剑，日夜思报楚王。——报楚王→向楚王报仇。

鼓　《墨子·兼爱中》：昔越王勾践好士之勇，……焚内失火，试其士曰：“越国之宝尽在此。”越王亲自鼓其士而进之。——鼓其士→为其士臣击鼓。

哭　《左传·僖公三十二年》：蹇叔哭之曰：“孟子！吾见师之出而不见其入也！”——哭之→对之（孟明）哭。

夸　《列子·杨朱》：而欲尊礼义以夸人，矫情性以招名。——夸人→对人们夸耀。

立　《左传·襄公十四年》：天生民而立之君，使司牧之，勿使失性。——立之君→为之立君。

沐　《史记·外戚世家》：姊去我西时，与我决于传舍中，丐沐沐我，请食饭我，乃去。——沐我→为我洗发。

泣　《战国策·魏策二》：魏惠王起境内众将太子申而攻齐。客谓公子理之傅曰：“何不令公子泣王太后，止太子之行？”——泣王太后→向王太后哭泣。

请　《史记·魏其武安侯列传》：（灌）夫创少瘳，又复请将军曰：“吾益知吴壁中曲折，请复往。”——请将军→向（灌何）将军请求。

丧　《史记 · 滑稽列传》：马病肥死，使群臣丧之。——丧之→为马服丧。

矢　《论语 · 雍也》：子见南子，子路不说。夫子矢之曰："予所否者，天厌之！天厌之！"——矢之→对之发誓。

誓　《国语 · 越语上》：勾践既许之，乃致其众而誓之曰：……——誓之→对之发誓。

树　《左传 · 文公十三年》：天生民而树之君，以利之也。——树之君→为之树立君主。

为　《战国策 · 齐策四》：孟尝君曰："为之驾，比门下之车客。"——为之驾→为他准备车驾。

舞　《战国策 · 赵策二》：昔舜舞有苗，而禹袒入裸国。——舞有苗→对苗人跳舞。

谢　《史记 · 项羽本纪》：旦日不可不蚤自来谢项王。——谢项王→向项王谢罪。

揖　《史记 · 周本纪》：武王乃揖诸侯，诸侯毕从。——揖诸侯→向诸侯作揖。

作　《尚书 · 泰誓》：天佑下民，作之君，作之师。——作之君，作之师→为之立君，为之立师。

2. 述（动）+宾→因/为+原因+动作行为

在这类活用中，活用动词自身的意义在扩展后的语义结构中充当动作行为成分；宾语的语义在整个为动述宾结构的语义结构中充当原因成分。述宾结构表示的为动意义可以表现为相应的词语。整个语义结构可表示为下式：

因/为+原因+动作行为

例如：

《三国志 · 魏书 · 方技传》：太祖叹曰："吾悔杀华佗，令此儿强死也。”

上例中的为动述宾结构“悔杀华佗”可以变换、调整为如下语法形式：

悔杀华佗→因杀华佗而后悔（因＋介宾＋述）

“悔”是“吾”因为“杀华佗”而产生的心理行为。

下面是这类活用情况的实例。

病　《史记·吴太伯世家》：越因伐吴，败之姑苏，伤吴王阖庐指，军却七里。吴王病伤而死。——病伤→因伤而病。

恨　《史记·伍子胥列传》：我知往终不能全父命。然恨父召我以求生而不往，后不能雪耻，终为天下笑耳。——恨父召我以求生而不往→因父召我以求生而我不往而悔恨。

恨　韩愈《与汝州卢郎中论荐侯喜状》：愈常慕其才而恨其屈，与之还往，岁月已多。——恨其屈→因其屈居遗憾。

患　《韩非子·内储说上》：齐国好厚葬，布帛尽于衣衾，林木尽于棺椁，桓公患之。——患之→为之忧患。

悔　《左传·隐公元年》：既而悔之。——悔之→因之而后悔。

惑　《史记·黥布列传》：今大王不与万金之汉而自托于危亡之楚，臣窃为大王惑之。——惑之→对此困惑。

惧　《左传·文公三年》：晋人惧其无礼于公也，请改盟。——惧其无礼于公→因其对鲁文公无礼而恐惧。

昧　《三国志·魏书·王昶传》：而循覆车滋众，逐末弥甚，皆由惑当时之誉，昧目前之利故也。——昧目前之利→因眼前之利而糊涂。

叹　《礼记·礼运》：昔者仲尼与于蜡宾，事毕，出游于观之上，喟然而叹。仲尼之叹，盖叹鲁也。——叹鲁→为鲁国慨叹。

叹　《三国志·吴书·陆逊传》：予既奇（陆）逊之谋略，

又叹（孙）权之识才，所以济大事也。——叹（孙）权之识才→为孙权识才而感叹。

讨　《史记·郑世家》：晋文公与秦缪公共围郑，讨其助楚攻晋者，及文公过时无礼也。——讨其助楚攻晋者，及文公过时无礼→因郑国帮助楚国攻打晋国，以及晋文公经过（郑国）时无礼而讨伐（郑国）。

争　《韩非子·内储说上》：张仪欲以秦、韩与魏之势伐齐、荆，而惠施欲以齐、荆偃兵，二人争之。——争之→为此而争执。

争　《史记·魏其武安侯列传》：此天下壮士，非有大恶，争杯酒，不足引他过以诛也。——争杯酒：为杯酒而争吵。

3．述（动）+宾→为+目的+动作行为

在这类活用中，活用动词自身的意义在扩展后的语义结构中充当动作行为成分；宾语的语义在整个为动述宾结构的语义结构中充当目的成分。述宾结构表示的为动意义可以表现为相应的词语。整个语义结构可表示为下式：

为+目的+动作行为

例如：

《庄子·骈拇》：伯夷死名于首阳之下，盗跖死利于东陵之上。

上例中的为动述宾结构“死名”“死利”可以变换、调整为如下语法形式：

死名→为名而死（为+介宾+述）

死利→为利而死（为+介宾+述）

“名”“利”是“死”的目的物。

下面是这类活用情况的实例。

避　《汉书·万石君石奋传》：愿归丞相侯印，乞骸骨归，避贤者路。——避贤者路→为贤者让路。

请　《左传·僖公三十三年》：文嬴请三帅。——请三帅→为三帅请求（释放他们回国）。

死　《左传·文公十八年》：（襄）仲以君命召惠伯。其宰公冉务人止之，曰："入必死。"叔仲曰："死君命可也。"——死君命→为君命而死。

图　《左传·成公三年》：二国图其社稷，而求纾其民。——图其社稷→为其社稷图谋。

亡　《史记·齐悼惠王世家》：顷之，诸吕有一人醉，亡酒。——亡酒→为了躲避饮酒而溜走。

第九章 词类活用中宾语的语义类型

9.1 引　　言

9.1.1 汉语述宾结构的多义性

述宾结构是汉语的基本语法结构之一。由于一种语法结构可以容纳多种语义结构，因而同汉语中的述宾结构相对应的语义结构也就不仅仅是“动作行为 + 受事对象”。尤其是同印欧语相比，汉语述宾结构的多义性是一个显著的特点。汉语述宾结构的多义性和动词的多义性有关，也和汉语的述宾结构中述语的多样性有关，而汉语述宾结构中述语的多样性在词类活用现象中表现得尤为突出。因此，我们猜想：汉语述宾结构的多义性可能和词类活用现象有着密切的关系。

9.1.2 话语的理解和宾语的语义类型

话语理解的关键是确定话语成分的语义性质及其间的语义关系，形成合理的语义结构，理解话语的意义。理解包含词类活用因素的述宾结构的关键，也就在于根据话语诸因素的制约，分析这类述宾结构所容纳的各种语义结构，确定述语成分、宾语成分的语义性质及其间的语义关系。以往从词类活用现象中归纳出来的意动用法、使动用法、为动用法等，也正是对词类活用现象进行语义分析所得到的结果。

在述宾结构中，就大部分情况而言，述语成分一般都表示动作、行为，而宾语的语义性质则比较复杂。尤其是由于汉语语法结构容量大、词语功能的多样性和组合方式的多样性，就使得宾语的语义性质更为复杂多样。同一性质的述语，当它跟不同的宾语相组合时，其间的语义关系也就不同。例如：

《韩非子·难二》：管仲，公子纠之臣也，谋杀桓公而不能，其君死而臣桓公。

《韩非子·五蠹》：故以义则仲尼不服于哀公，乘势则哀公臣仲尼。

“臣桓公”和“臣仲尼”同为述宾结构，其中的“臣”都表示“为臣”或“臣服”这一行为，但由于其中的宾语的性质不同，两个述宾结构的意义也就不同。根据话语诸因素（如话语角色、事件背景等）来分析，“臣桓公”中的“桓公”，其语义性质为“对象”，因而“臣桓公”的语义结构为“行为＋对象”，其意义为“为桓公做臣”；而“臣仲尼”中的“仲尼”，其语义性质为“兼事（对象兼变事）”，因而“臣仲尼”的语义结构为“处置＋兼事＋行为”，其意义为“使仲尼为臣”。由此可见，宾语的语义性质对述宾结构的语义结构的确定有着重要的作用。确定了宾语的语义性质，我们就可以进而确定整个述宾结构的语义结构，准确合理地理解话语的意义。

鉴于上述两个方面的原因，本章将对包含词类活用现象的述宾结构中的宾语成分进行语义分析，归纳出包含词类活用现象的述宾结构中宾语的语义类型。

9.2　类型和分析

我们依据语义格系统和语义格分析中的“谓语动词中心论”

原则，根据活用述语的语义和活用述宾结构中具体的语义关系来确定宾语的语义性质。下面就是具体的分析和类型归纳。

9.2.1 受事宾语

这一类宾语表示的是述语表示的动作、行为的承受者，语义性质为受事。

1. 名词活用充当述语形成的述宾结构中的受事宾语

畚 汪琬《江天一传》：家贫屋败，躬畚土筑垣以居。——畚土：以畚运土。

鞭 《左传·僖公二十三年》：公子怒，欲鞭之。——鞭之：以鞭击之。

丹 《国语·鲁语上》：庄公丹桓宫之楹。——丹桓宫之楹：以丹涂刷桓公之楹。

椟 孙樵《书褒城驿壁》：当愁醉醲，当饥饱鲜，囊帛椟金，笑与秩终。——囊帛椟金：以囊柜盛装金帛。

法 《史记·秦本纪》：初，（秦）缪公亡善马，岐下野人共得，而食之者三百余人。吏逐得，欲法之。——法之：依法惩之。

竿 胡铨《戊午上高宗封事》：区区之心，愿斩三人头，竿之藁街。——竿之：以竿挑之。

馆 《史记·张仪列传》：楚怀王闻张仪来，虚上舍而自馆之。——馆之：至宾馆省问之。

火 韩愈《原道》：人其人，火其书，庐其居。——火其书：以火焚其书。

客 《史记·孟尝君列传》：孟尝君过赵，赵平原君客之。——客之：以客待之。

礼 《史记·乐毅列传》：于是屈身下士，先礼郭隗以招贤者。——礼郭隗：礼遇郭隗。

门 《左传·襄公九年》：晋人不得志于郑，以诸侯复伐之。十二月癸亥，门其三门。——门其三门：攻打（郑国的）三面城门。

目 《史记·留侯世家》：良殊大惊，随目之。——目之：以目视之。

手 《司马相如·上林赋》：生貔豹，搏豺狼，手熊罴，足壄羊。——手熊罴，足壄羊：手搏熊罴，足踢壄羊。

水 《左传·昭公三十年》：吴子执钟吾子，防山以水之。——水之：以水淹之。

威 《韩非子·饰邪》：故先王明赏以劝之，严刑以威之。——威之：以威慑之。

袖 宗臣《报刘一丈书》：门者故不入，则甘言媚词；作妇人状，袖金以私之。——袖金：以袖携金。

腰 汪琬《江天一传》：（江）天一腰刀帓首，黑夜跨马，率壮士驰数十里，与狼兵鏖战祁门。——腰刀：腰挂利刀。

肘 《左传·成公二年》：从左右，皆肘之，使立于后。——肘之：以肘触之。

2. 形容词活用充当述语形成的述宾结构中的受事宾语

备 曹丕《典论·论文》：此四科不同，故能之者偏也；唯通才能备其体。——备其体：尽通其体。

必 《韩非子·五蠹》：弃私家之事，而必汗马之劳，家困而上弗论，则穷矣。——必汗马之劳：必受汗马之劳苦。

博 汪琬《传是楼记》：古之善读书者，始乎博，终乎约。博之而非夸多斗靡也，约之而非保残安陋也。——博之：广博地读书。约之：精约地读书。

充 《孟子·滕文公下》：仲子恶能廉？充仲子之操，则蚓而后可者也。——充仲子之操：完全实现仲子之操。

固 《三国志·魏书·程昱传》：君必固范，我守东阿，则田单之功可立也。——固范：固守范地。

尽 《史记·张耳陈余列传》：夫秦为无道，破人国家，灭人社稷，绝人后世，罢百姓之力，尽百姓之财。——尽百姓之财：耗尽百姓之财。

尽 《史记·樊郦滕灌列传》：哙既饮酒，拔剑切肉食，尽之。——尽之：吃光肉。

私 《战国策·齐策二》：若此，齐必弱，齐弱则必为王役矣。则是北弱齐，西德于秦，而私商於之地以为利也。——私商於之地：独自占有商於之地。

同 《左传·成公元年》：虽晋人伐齐，楚必救之，是齐、楚同我也。——齐、楚同我：齐、楚共同对我。

同 《左传·襄公十一年》：同福禄，来远人，所谓乐也。——同福禄：同享福禄。

专 《左传·宣公十二年》：与其专罪，六人同之。——专罪：独担罪责。同之：同担罪责。

9.2.2 对象宾语

这一类宾语表示的是述语表示的动作、行为的朝向者或对待者，语义性质为对象。

1. 名词活用充当述语形成的述宾结构中的对象宾语

党 马中锡《中山狼传》：且鄙人虽愚，独不知夫狼乎？性贪而狠，党豺为虐。——党豺：与豺结党。

德 《左传·成公三年》：王曰："然则德我乎？"——德我：对我感恩。

尔汝 《魏书·陈奇传》：游雅常众辱（陈）奇，或尔汝之，或指为小人。——尔汝之：以"尔、汝"呼之。

孤 《战国策·齐策一》：（秦）举齐，属之海，南面而孤楚、韩、梁，北向而孤燕、赵。——孤楚、韩、梁：向楚、韩、梁称孤。孤燕、赵：向燕、赵称孤。

名　《战国策·魏策三》：宋人有学者，三年反而名其母。——名其母：对其母直呼其名。

人　《谷梁传·庄公二十八年》：其人卫，何也？以其人齐，不可不人卫也。——人卫：以人（民）称卫侯。人齐：以人（民）称齐侯。

汝　《隋书·杨伯丑传》：见公卿，不为礼，无贵贱，皆汝之。——汝之：以汝呼之。

式　《礼记·曲礼上》：君子式黄发。——式黄发：向黄发老人扶轼行礼。

友　苏轼《赤壁赋》：况吾与子渔樵于江渚之上，侣鱼虾而友麋鹿。——侣鱼虾而友麋鹿：与鱼虾为侣，与麋鹿为友。

2. 形容词活用充当述语形成的述宾结构中的对象宾语

安　《孟子·离娄上》：不仁者可与言哉？安其危而利其灾。——安其危：对人的危难心安理得。

傲　《墨子·天志上》：强者不劫弱，贵者不傲贱。——傲贱：对贱者傲慢。

暴　《孟子·离娄上》：暴其民，甚则身弑国亡，不甚则身危国削。——暴其民：对其民暴虐。

卑下　《史记·魏其武安侯列传》：武安侯新欲用事为相，卑下宾客。——卑下宾客：对宾客卑下。

慈　《墨子·兼爱上》：虽父之不慈子，兄之不慈弟，君之不慈臣，此亦天下之所谓乱也。——慈子、慈弟、慈臣：对子女（弟弟、臣子）慈爱。

厚　《荀子·礼论》：夫厚其生而薄其死。——厚其生而薄其死：厚待其生，薄待其死。

惠　《荀子·正论》：杀人者不死，伤人者不刑，是谓惠暴而宽贼也，非恶恶也。——惠暴而宽贼：对暴者仁惠，对贼寇宽恕。

骄　《史记·魏公子列传》：公子为人仁而下士，士无贤不肖皆谦而礼交之，不敢以其富贵骄士。——下士：对士谦下。骄士：对士傲慢。

谨　《孟子·梁惠王上》：谨庠序之教，申之以孝悌之义。——谨庠序之教：慎待庠序之教。

礼貌　《孟子·离娄下》：匡章，通国皆称不孝焉。夫子与之游，又从而礼貌之，敢问何也？——礼貌之：对他礼貌。

明　《庄子·胠箧》：彼圣人者，天下之利器也，非所以明天下也。——明天下：向天下人明示。

怒　《三国志·魏书·辛毗传》：臣所言非私也，乃社稷之虑也，安得怒臣！——怒臣：对我发怒。

齐　《三国志·吴书·吴主传》：朕以不德，承运革命，君临万国，秉统天机，思齐先代，坐而待旦。——齐先代：与先代齐同。

仁　《孟子·尽心上》：亲亲而仁民，仁民而爱物。——亲亲：对双亲亲近。仁民：对人民仁爱。

善　《国语·晋语》：夫固国者在亲仁而善邻。——亲仁而善邻：对仁者亲近，对邻国友善。

善　《史记·高祖本纪》：单父人吕公善沛令。——善沛令：与沛令友善。

慎　《礼记·大学》：故君子必慎其独也。——慎其独：慎待独居。

疏　《孟子·告子下》：有人于此，越人关弓而射之，则己谈笑而道之，无他，疏之也；其兄关弓而射之，则己垂涕泣而道之，无他，戚之也。——疏之：与之疏远。戚之：与之亲密。

下　《史记·越王勾践世家》：（勾践）食不加肉，衣不重采，折节下贤人，厚遇宾客。——下贤人：对贤人谦下。

3. 动词活用充当述语形成的述宾结构中的对象宾语

报　干宝《搜神记》：即以斧破其背，得剑，日夜思报楚王。——报楚王：向楚王报仇。

解　《三国志·蜀书·诸葛亮传》：关羽、张飞等不悦，先主解之曰："孤之有孔明，犹鱼之有水也。"——解之：对他们解释。

哭　《左传·僖公三十二年》：蹇叔哭之曰："孟子！吾见师之出而不见其入也！"——哭之：对着孟明他们哭。

夸　司马光《训俭示康》：石崇以奢靡夸人，卒以此死东市。——夸人：向人们夸耀。

泣　《左传·襄公二十二年》：君三泣臣矣，敢问谁之罪也？——泣臣：对臣哭泣。

誓　《国语·越语上》：勾践既许之，乃致其众而誓之曰：……——誓之：对之发誓。

舞　《战国策·赵策二》：昔舜舞有苗，而禹袒入裸国。——舞有苗：对着苗人舞蹈（以修德教）。

谢　《史记·项羽本纪》：旦日不可不蚤自来谢项王。——谢项王：向项王道歉。

揖　《史记·周本纪》：武王乃揖诸侯，诸侯毕从。——揖诸侯：向诸侯作揖。

9.2.3　与事宾语

在语义格分析中，与事分为两类：一类表示给予的对象。例如：

《史记·廉颇蔺相如列传》：秦亦不以城予赵，赵亦终不予秦璧。

上例中“予赵”“予秦璧”中的“赵”“秦”都是给予的对象，属于与事成分。

另一类表示服务的对象。例如：

《左传·成公二年》：邴夏御齐侯，逢丑父为右。晋解张御郤克，郑丘缓为右。

上例中的“齐侯”“郤克”都是服务的对象，也属于与事成分。

表示给予对象这一类与事宾语主要出现在名词活用形成的述宾结构中。下面是实例。

德　《战国策·宋卫》：公释蒲勿攻，臣请为公入戒蒲守，以德卫君。——德卫君：施德于卫君。

饭　《史记·淮阴侯列传》：（韩）信钓于城下，诸母漂，有一母见信饥，饭信，竟漂数十日。——饭信：给韩信饭吃。

福　《墨子·法仪》：昔之圣王禹汤文武，兼爱天下之百姓，率以尊天事鬼，其利人多，故天福之，使立为天子。——福之：赐之福。

惠　《荀子·君道》：夫文王欲立贵道，欲白贵名，以惠天下。——惠天下：施惠于天下。

祸　《墨子·法仪》：爱人利人者，天必福之；恶人贼人者，天必祸之。——福之：赐之福。祸之：降之祸。

爵　贾谊《治安策》：擅爵人，赦死罪。——爵人：予人爵。

利　《荀子·富国》：不利而利之，不如利而后利之之利也。——不利而利之：不予之利而索之利。

禄　《史记·齐太公世家》：桓公既得管仲，与鲍叔、隰朋、高傒修齐国政，连五家之兵，设轻重鱼盐之利，以赡贫穷，禄贤能，齐人皆悦。——禄贤能：赐贤能以俸禄。

衣　《礼记·表记》：故君子问人之寒则衣之，问人之饥则食之。——衣之：予之衣。食之：予之食。

重利　《庄子·胠箧》：圣人不死，大盗不止，虽重圣人而治天下，则是重利盗跖也。——重利盗跖：予盗跖重利。

表示服务对象的与事宾语大部分出现在动词活用形成的述宾结构中。例如：

避　《汉书·万石君石奋传》：愿归丞相侯印，乞骸骨归，避贤者路。——避贤者路：为贤者让路。

劳　《吕氏春秋·疑似》：此褒姒之所用死，而平王以东徙也，秦襄、晋文之所以劳王而赐地也。——劳王：为王室辛劳。

沐　《史记·外戚世家》：姊去我西时，与我决于传舍中，丐沐沐我，请食饭我，乃去。——沐我：为我洗发。

启　《左传·隐公元年》：将袭郑，夫人将启之。——启之：为之开启（城门）。

勤　《左传·僖公二十八年》：令尹其不勤民，实自败也。——勤民：为民勤苦。

请　《左传·僖公三十三年》：文嬴请三帅。——请三帅：为三帅请求。

丧　《史记·滑稽列传》：楚庄王之时，有所爱马，……马病肥死，使群臣丧之。——丧之：为马服丧。

侍酒　《史记·魏其武安侯列传》：（田）蚡为诸郎，未贵，往来侍酒魏其，跪起如子侄。——侍酒魏其：为魏其侍酒。

死　《论语·宪问》：桓公杀公子纠，召忽死之。——死之：为之而死。

图　《左传·成公三年》：二国图其社稷，而求纾其民。——图其社稷：为自己的国家打算。纾其民：解除人民的痛苦。

祝　《战国策·赵策》：已行，非弗思也，祭祀必祝之。——祝之：为之祝祷。

在名词活用形成的述宾结构中，表示服务对象的与事宾语也有出现。例如：

臣 《淮南子·主术训》：智伯伐中行氏，并吞其地，豫让背其主而臣智伯。——臣智伯：为智伯做臣。

鼓 《墨子·兼爱中》：昔越王勾践好士之勇，……焚内失火，试其士曰："越国之宝尽在此。"越王亲自鼓其士而进之。——鼓其士：为其士击鼓。

介 《左传·成公二年》：齐侯曰："余姑翦灭此而朝食！"不介马而驰之。——介马：为马披甲。

履 《史记·留侯世家》：父曰："履我！"（张）良业为取履，因长跪履之，父以足受，笑而去。——履我：为我着履。履之：为之着履。

脉 《三国志·魏书·方技传》：广陵太守陈登得病，胸中烦懑，面赤不食。（华）佗脉之曰：……——脉之：为之把脉。

相 《战国策·秦策三》：蔡泽相秦王数月，人或恶之。——相秦王：为秦王做相。

9.2.4 处所宾语

这一类宾语表示的是动作、行为发生的处所或范围。处所宾语主要出现在名词活用充当述语形成的述宾结构中。下面是实例。

邦 《墨子·非攻下》：越王繁亏，出于有遽，始邦于越；唐叔与吕尚邦齐、晋。——邦齐、晋：于齐、晋立邦。

表 《左传·襄公十四年》：昔伯舅大公，右我先王，股肱周室，师保万民，世胙大师，以表东海。——表东海：为东海表率。

表 《吕氏春秋·察今》：荆人欲袭宋，使人先表澭水。——表滩水：于滩水中立标记。

伯　《战国策·秦策一》：齐桓公任战而伯天下。——伯天下：称霸天下。

巢　刘基《苦斋记》：野蜂巢其间，采花髓作蜜，味亦苦。——巢其间：于其间做巢。

城　《左传·襄公十年》：诸侯之师城虎牢而戍之。——城虎牢：于虎牢筑城。

都　《史记·殷本纪》：帝盘庚之时，殷已都河北。——都河北：于河北建都。

防　《左传·昭公三十年》：遂伐徐，防山以水之。——防山：于山上筑防。

祸　《三国志·魏书·傅嘏传》：昔夫差陵齐胜晋，威行中国，终祸姑苏。——祸姑苏：于姑苏受祸。

家　《史记·孟子荀卿列传》：荀卿乃适楚，春申君以为兰陵令。春申君死而荀卿废，因家兰陵。——家兰陵：于兰陵安家。

君　《庄子·德充符》：始也吾以南面而君天下，执民之纪而忧其死，吾自以为至通矣。——君天下：君临天下。

相　《庄子·秋水》：惠子相梁，庄子往见之。——相梁：于梁国为相。

远　《汉书·张骞传》：又自以远远汉，殊无报胡之心。——远远汉：远离遥远的汉朝。

质　《史记·齐太公世家》：晋伐齐，齐以公子强质晋，晋兵去。——质晋：到晋国为质。

周　晁错《论贵粟疏》：其为物轻微易臧，在于把握，可以周海内而亡饥寒之患。——周海内：周游海内。

9.2.5 原因目的宾语

这一类宾语表示的是动作、行为发生的原因或目的。原因、目的宾语主要出现在为动述宾结构中。我们先来看原因宾语的情况。

哀　《左传·文公六年》：秦伯任好卒，以子车氏之三子奄息、仲行、鍼虎为殉，皆秦之良也。国人哀之，为之赋《黄鸟》。——哀之：为此而悲痛。

悲　《韩非子·和氏》：吾非悲刖也，悲夫宝玉而题之以石，贞士名之以诳，此吾所以悲也。——悲刖：为被刖而悲哀。悲夫宝玉而题之以石，贞士名之以诳：为宝玉题之以石、贞士名之诳人而悲伤。

悲　《战国策·赵策四》：媪之送燕后也，持其踵为之泣，念悲其远也。——悲其远：为其远嫁而悲哀。

病　《史记·滑稽列传》：楚庄王之时，有所爱马，衣以文绣，置之华屋之下，席以露床，啖以枣脯，马病肥死，使群臣丧之。——病肥：因肥胖而病。

惭　《三国志·吴书·张昭传》：（孙）权谢（张）昭曰："年少虑事不远，以此惭君。"——惭君：因为人君而惭愧。

耻　《史记·伍子胥列传》：前日王欲伐齐，子胥以为不可，王卒伐之而有大功。子胥耻其计谋不用，乃反怨望。——耻其计谋不用：因其计谋不用而羞耻。

悼　《三国志·魏书·邓艾传》：（邓）艾心怀至忠而荷反逆之名，平定巴蜀而受夷灭之诛，臣窃悼之。——悼之：为之痛悼。

恨　《史记·伍子胥列传》：我知往终不能全父命。然恨父召我以求生而不往，后不能雪耻，终为天下笑耳。——恨父召我以求生而不往：因父亲召我去以求生而不往而悔恨。

患　《左传·宣公二年》：赵盾、士季见其手，同其故而患之。——患之：为之忧患。

悔　《三国志·魏书·方技传》：太祖叹曰："吾悔杀华佗，令此儿强死也。"——悔杀华佗：为杀华佗而后悔。

急　《史记·魏公子列传》：胜所以自附为婚姻者，以公子之高义，为能急人之困。今邯郸旦暮降秦而魏救不至，安在公子能急人之困也！——急人之困：为别人的危难而着急。

惊怖　《庄子·逍遥游》：吾惊怖其言，犹河汉而无极也。——惊怖其言：为其言而震惊惶恐。

惊怪　《史记·刺客列传》：酒酣，严仲子奉黄金百溢，前为聂政母寿。聂政惊怪其厚，固谢严仲子。——惊怪其厚：为其礼重而震惊奇怪。

惧　《左传·文公三年》：晋人惧其无礼于公也，请改盟。——惧其无礼于公：因其无礼于公而恐惧。

苦　《韩非子·五蠹》：泽居苦水者，买庸而决窦。——苦水：因水患受苦。

苦　《史记·高祖本纪》：楚汉久相持未决，丁壮苦军旅，老弱罢转饷。——苦军旅：因战事而受苦。罢转饷：因运粮而疲劳。

困　《三国志·魏书·陈思王曹植传》：而数年以来，水旱不时，民困衣食。——困衣食：因衣食不足而困苦。

怒　《史记·魏公子列传》：魏王怒公子之盗其兵符，矫杀晋鄙，公子亦自知也。——怒公子之盗其兵符，矫杀晋鄙：因公子盗其兵符、矫杀晋鄙而恼怒。

戚　《史记·司马相如列传》：昔者鸿水浡出氾滥衍溢，民人登降移徙，崎岖而不安，夏后戚之。——戚之：为之忧愁。

伤　曹丕《与吴质书》：昔伯牙绝弦于钟期，仲尼覆醢于子路，痛知音之难遇，伤门人之莫逮也。——痛知音之难遇，伤门人之莫逮：为知音难遇而痛心，为门人无人能及子路而悲伤。

叹　《三国志 · 吴书 · 陆逊传》：予既奇（陆）逊之谋略，又叹（孙）权之识才，所以济大事也。——叹（孙）权之识才：为孙权能识人才而赞叹。

讨　《史记 · 郑世家》：晋文公与秦缪公共围郑，讨其助楚攻晋者，及文公过时无礼也。——讨其助楚攻晋者，及文公过时无礼：由于郑助楚攻晋，及晋文公过郑时无礼而讨伐郑。

争　《韩非子 · 内储说上》：张仪欲以秦、韩与魏之势伐齐楚，而惠施欲以齐、荆偃兵，二人争之。——争之：为此争执。

争　《史记 · 魏其武安侯列传》：此天下壮士，非有大恶，争杯酒，不足引他过以诛也。——争杯酒：为一杯酒而争吵起来。

目的宾语很少。下面是几个例子。

立　《左传 · 襄公十四年》：天生民而立之君，使司牧之，勿使失性。——立之君：为之设立国君。

死　《左传 · 文公十八年》：（襄）仲以君命召惠伯。其宰公冉务人止之，曰："入必死。"叔仲曰："死君命可也。"——死君命：为执行君命而死。

死　《庄子 · 骈拇》：伯夷死名于首阳之下，盗跖死利于东陵之上。——死名：为名而死。死利：为利而死。

亡　《左传 · 襄公二十五年》：故君为社稷死，则死之；为社稷亡，则亡之。——死之：为之而死。亡之：为他（国君）而逃亡。

殉　《庄子 · 盗跖》：小人殉财，君子殉名。——殉财：为财而死。殉名：为名而死。

9.2.6　领事宾语

这类宾语同活用词语充当的述语之间有"领事—属事"（领

有者和属于者）之间的语义关系。一般情况是：述语表示属事，宾语表示领事。这类宾语主要出现在名词活用形成的述宾结构中。这类宾语不多，下面是实例。

臣　《韩非子·外储说左下》：吾不臣天子，不友诸侯，耕作而食之，掘井而饮之，吾无求于人也。——臣天子：为天子之臣。

君　《荀子·富国》：故君国长民者，欲趋时遂功，则和调累解，速乎急疾。——君国长民：为国之君，为百姓长官。

君　《史记·周本纪》：古公曰："……民欲以我故战，杀人父子而君之，予不忍为。"——君之：做他们的君主。

母　《史记·淮南衡山列传》：及厉王母已生厉王，恚，即自杀。吏奉厉王诣上，上悔，令吕后母之。——母之：为之母。

相　《战国策·秦策一》：蜀主更号为侯，而使陈庄相蜀。——相蜀：做蜀地相。

长　《战国策·楚策一》：子无敢食我也！天帝使我长百兽，今子食我，是逆天帝命也。——长百兽：为百兽长。

正　《墨子·亲士》：昔者文公出走而正天下，桓公去国而伯诸侯。——正天下：为天下之长。

9.2.7　基准宾语

在语义格系统和语义格分析中，基准格是比较的参照点或行为的参照点。例如：

《礼记·檀弓下》：苛政猛于虎也。

上例中的"虎"是比较"猛"的程度、状况的参照物，是基准性质。

下面是基准宾语的实例。

大　《战国策·魏策三》：吾所大者，无大天地。——大天地：大于天地。

法　《吕氏春秋·察今》：上胡不法先王之法？——法先王之法：以先王之法为法则。

贵　《墨子·天志中》：今天下之人曰："当若天子之贵诸侯，诸侯之贵大夫，傐明知之。然吾未知天之贵且知于天子也。"——贵诸侯：贵于诸侯；比诸侯尊贵。贵大夫：贵于大夫；比大夫尊贵。

后　《史记·李将军列传》：军亡导，或失道，后大将军。——后大将军：落后于大将军。

界　《史记·商君列传》：魏居领厄之西，都安邑，与秦界河而独擅山东之利。——与秦界河：与秦国以黄河为界。

少　《左传·昭公元年》：司马侯问焉，曰："子之车，尽于此而已乎？"对曰："此之谓多矣！若能少此，吾何以得见？"——少此：少于此。

下　《史记·管晏列传》：鲍叔既进管仲，以身下之。——下之：处于管仲之下。

下　魏征《谏太宗十思疏》：念高危则思谦冲而自牧，惧满溢则思江海下百川。——下百川：居于百川之下。

先　《史记·刺客列传》：臣闻骐骥盛壮之时，一日而驰千里；至其衰老，驽马先之。——先之：驰于其前。

9.2.8　评事宾语

这一类宾语表示的是人们评价的事物，其语义性质为评事。

卑　《战国策·赵策三》：建信君悖然曰："足下卑用事者而高商贾乎。"——卑用事者：认为用事者很卑下。高商贾：认为商贾很高贵。

耻　《论语·公冶长》：敏而好学，不耻下问。——不耻下问：不认为向不如自己的人求教为羞耻。

大　《庄子·秋水》：河伯曰："然则我大天地而小豪末，可乎？"——大天地：认为天地大。小豪末：认为毫末小。

等　《孟子·公孙丑上》：见其礼而知其政，闻其乐而知其德，由百世之后，等百世之王，莫之能违也。——等百世之王：评出百世君王的等级。

恶　《庄子·山木》：其美者自美，吾不知其美也；其恶者自恶，吾不知其恶也。——自美：认为自己美丽。自恶：认为自己丑陋。

非　《墨子·尚同上》：是以人是其义，以非人之义。——是其义：认为己义是。非人之义：认为他人之义非。

高　《韩非子·五蠹》：斩敌者受赏，而高慈惠之行。——高慈惠之行：认为慈惠之行高尚。

固　《史记·李斯列传》：二世怒曰："吾常多闲日，丞相不来。吾方燕私，丞相辄来请事。丞相岂少我哉？且固我哉？"——少我：认为我幼小。固我：认为我固陋。

怪　《战国策·齐策四》：孟尝君怪其疾也，衣冠而见之。——怪其疾：对他回来太快感到奇怪。

贵　《论衡·齐世》：述事者好高古而下今，贵所闻而贱所见。——贵所闻：重视听到的。贱所见：轻视见到的。

苦　《史记·秦本纪》：卒用（商）鞅法，百姓苦之；居三年，百姓便之。——苦之：对商鞅之法感到苛苦。便之：对商鞅之法感到便利。

老　《汉书·赵充国传》：时充国年七十余，上老之。——老之：认为他老。

乐　《史记·李将军列传》：是时汉边郡李广、程不识皆为名将，然匈奴畏李广之略，士卒亦多乐从李广而苦程不识。——乐从李广：乐意跟随李广。苦程不识：觉得跟随程不识劳苦。

美　《庄子·天运》：西施病心而矉其里，其里之丑人，见而美之。——美之：认为西施这样很美。

难 《韩非子·观行》：离朱易百步而难眉睫，非百步近而眉睫远也，道不可也。——易百步：认为看到百步以外的毫毛很容易。难眉睫：认为看到自己的眉睫很难。

齐 王羲之《兰亭集序》：固知一死生为虚诞，齐彭殇为妄作。——一死生为虚诞：认为死生一样是虚诞的。齐彭殇为妄作：认为长寿和短命相同是妄造的。

巧 《吕氏春秋·知度》：人主自智而愚人，自巧而拙人。——自智而愚人：认为自己聪明，别人愚蠢。自巧而拙人：认为自己巧妙，别人笨拙。

轻 《史记·陈杞世家》：贤哉楚庄王！轻千乘之国而重一言。——轻千乘之国而重一言：认为千乘之国很轻，而认为一句话很重。

少 《庄子·秋水》：且夫我尝闻少仲尼之闻而轻伯夷之义者，始吾弗信。——少仲尼之闻：小看孔子的学识。轻伯夷之义：轻视伯夷的义行。

少 《史记·滑稽列传》：齐王使淳于髡之赵请救兵，赍金百斤，车马十驷。淳于髡仰天大笑，冠缨索绝。王曰："先生少之乎?"——少之：认为少。

外 《孟子·公孙丑上》：我故曰：告子未尝知义，以其外之也。——外之：认为义在心之外。

贤 《韩非子·难三》：燕子哙贤子之而非孙卿，故身死为僇；夫差智太宰嚭而愚子胥，故灭于越。——贤子之：认为子之贤良。

小 《孟子·尽心上》：孔子登东山而小鲁，登泰山而小天下。——小鲁：觉得鲁国小。小天下：觉得天下小。

羞 《史记·匈奴列传》：利则进，不利则退，不羞遁走。——不羞遁走：不认为逃遁可耻。

远　《左传·哀公七年》：鲁弱晋而远吴，冯恃其众，而背君之盟，辟君之执事，以陵我小国。——弱晋：认为晋国弱小。远吴：认为吴国遥远。

拙　《韩非子·说难》：径省其说，则以为不智而拙之。

9.2.9　视事宾语

这一类宾语表示的是施事者看待、对待的人或事物，其语义性质为视事。例如：

《孟子·离娄下》：君之视臣如手足，则臣视君如腹心。

上例中“视臣”“视君”中的“臣”“君”都是看待的对象，都是视事成分。

下面是视事宾语的实例。

宝　唐顺之《竹溪记》：以其难致而又多槁死，则人益贵之。而江南人甚或笑之曰：“京师人乃宝吾之所薪。”——宝吾之所薪：视吾之所薪为宝。

鄙　《左传·宣公十四年》：过我而不假道，鄙我也；鄙我者，亡我也。——鄙我：视我为其边鄙。

父　《后汉书·李固传》：臣闻王者父天母地，宝有山川。——父天母地：视天如父，视地如母。

功　《史记·魏公子列传》：夺晋鄙兵以救赵，于赵则有功矣，于魏则未有忠臣也。公子乃自骄而功之，窃为公子不取也。——功之：视之为功。

贵　《论衡·齐世》：述事者好高古而下今，贵所闻而贱所见。——高古而下今：抬高古代而贬低今天。贵所闻而贱所见：重视听到的而轻视亲眼见到的。

客　《战国策·齐策四》：孟尝君客我。——客我：视我为宾客。

老 《荀子 · 修身》：老老，而壮者归焉；不穷穷，而通者积焉。——老老：视老者为老。

奴 韩愈《原道》：入者主之，出者奴之；入者附之，出者污之。——主之：视入者为主。奴之：视出者为奴。

亲 《礼记 · 礼运》：大道之行也，天下为公，……故人不独亲其亲，不独子其子。——亲其亲：视其双亲为亲。子其子：视其子女为子女。

天 《荀子 · 礼论》：故王者天太祖，诸侯不敢坏。——天太祖：以太祖为天；认为太祖与天等同。即把太祖和天同祭。太祖，一个朝代的开创皇帝。坏：毁坏（太祖的庙）。

夷 《韩愈 · 原道》：孔子之作春秋也，诸侯用夷礼则夷之，进于中国则中国之。——夷之：视之如蛮夷。中国之：视之如中原人。

幼 《孟子 · 梁惠王上》：老吾老，以及人之老；幼吾幼，以及人之幼。——老吾老：视吾老为老。幼吾幼：视吾幼为幼。

鱼肉 《史记 · 魏其武安侯列传》：今我在也，而人藉吾弟；令我百岁后，皆鱼肉之矣。——鱼肉之：视之如鱼肉。

贼 《荀子 · 修身》：心如虎狼，行如禽兽，而又恶人之贼己也。——贼己：视己为贼。

长 《孟子 · 离娄上》：人人亲其亲，长其长，而天下平。——亲其亲：视其双亲为亲。长其长：视其长辈为长辈。

子 《战国策 · 齐策四》：今君有区区之薛，不拊爱子其民，因而贾利之。——子其民：视其民如子。

9.2.10 兼事宾语

这一类宾语表示的人或事物承受一定的动作行为或影响，而后再发出某种动作行为或产生某种变化。由于这类宾语兼有“受事 · 施事（变事）”双重性质，所以我们称之为兼事宾语。

例如：

《史记·廉颇蔺相如列传》：赵王于是遂遣相如奉璧西入秦。

上例中的“（蔺）相如”兼有“遣”的受事和“奉璧西入秦”的施事双重性质，其语义性质为兼事。

兼事宾语又可以分为使动宾语和使变宾语两种情况。使动宾语是宾语承受一定的动作行为或影响后发出某种动作行为；使变宾语是宾语承受一定的动作行为或影响后产生某种变化。分别举例如下。

1. 使动宾语

邦　柳宗元《封建论》：周有天下，裂土田而瓜分之；设五等，邦群后。——邦群后：让群后立国。

辟　《战国策·魏策四》：今臣爵至人君，走人于庭，辟人于途。——走人：使人奔走。辟人：使人避让。

朝　《孟子·梁惠王上》：然则王之所大欲可知已：欲辟土地，朝秦楚，莅中国，而抚四夷也。——朝秦楚：使秦、楚等大国来朝拜。

出　《左传·宣公二年》：郑人入于井，倒戟而出之。——出之：拉出之。

从　《史记·东越列传》：吴王濞反，欲从闽越，闽越未肯行，独东瓯从之。——从闽越：让闽越跟从。

存　《左传·昭公十三年》：诸侯修盟，存小国也。——存小国：让小国生存。

啖　《韩非子·说难》：（弥子瑕）与君游于果园，食桃而甘，不尽，以其半啖君。——啖君：给卫灵公吃。君，指卫灵公。

东　《战国策·魏策一》：故王不如复东苏秦，秦必疑齐而不听也。——东苏秦：让苏秦东去（到齐国）。

斗 贾谊《过秦论》：当是时也，商君佐之，内立法度，务耕织，修守备之具，外连衡而斗诸侯。——斗诸侯：使诸侯争斗。

反 《左传·襄公二十六年》：归老幼，反孤疾，明日将战。——归老幼：让老幼归家。反孤疾：让孤疾者返回。

国 《史记·晋世家》：齐桓公合诸侯而国异姓。——国异姓：让异姓立国。

后 《荀子·荣辱》：先义而后利者荣，先利而后义者辱。——先义：置义于前。后利：置利于后。

怀 《论语·公冶长》：老者安之，朋友信之，少者怀之。——安之：使他们安逸。信之：使他们信任（自己）。怀之：使他们怀念（自己）。

近 《史记·秦始皇本纪》：贱者贵之，贫者富之，远者近之，则上下集而国安矣。——近之：使之亲近（自己）。

惧 《左传·襄公二十五年》：一与一，谁能惧我？——惧我：让我惧怕。

恐 《史记·秦始皇本纪》：李斯因说秦王，请先取韩以恐他国。——恐他国：使他国恐惧。

来 《论语·季氏》：远人不服，而不能来也。——来（之）：使之来。

去 《史记·伯夷列传》：左右欲兵之。太公曰："此义人也。"扶而去之。——去之：使他离去。

却 《史记·田敬仲完世家》：夫救赵，高义也；却秦兵，显名也。——却秦兵：使秦兵退却。

入 《史记·秦本纪》：秦使人告晋大臣，欲入重耳，晋许之。——入重耳：使重耳进入（晋国）。

食 《左传·昭公十三年》：若见费人，寒者衣之，饥者食之。——衣之：给他们衣服穿。食之：给他们饭吃。

逃　《说苑·至公》：吾在难中，此乃子报怨之时也，何故逃我？——逃我：让我逃走。

外　《韩非子·五蠹》：以其不收也，外之。——外之：置之于外。

降　《汉书·李广苏建传》：单于使使晓武，会论虞常，欲因此降武。——降武：让苏武投降。

业　李斯《谏逐客书》：今乃弃黔首以资敌国，却宾客以业诸侯。——业诸侯：使诸侯成就功业。

疑　《战国策·秦策三》：夫以曾参之贤与母之信也，而三人疑之。——疑之：使她（曾参母亲）怀疑。

走　《三国志·吴书·周瑜传》：（周瑜）视死如归，故能摧曹操于乌林，走曹仁于郢都。——走曹仁：打得曹仁逃走。

坐　《史记·魏其武安侯列传》：尝召客饮，坐其兄盖侯南乡，自坐东乡。——坐其兄盖侯南乡：让其兄盖侯坐南边。乡，同“向”。

2. 使变宾语

使变宾语出现的变化有两种：一种是性质状态方面的变化，一种是身份角色的变化。分别举例如下。

（1）性质状态变化。

薄　《孟子·尽心上》：易其田畴，薄其税敛，民可使富也。——薄其税敛：使其税敛轻缓。

博　《史记·张仪列传》：臣闻之，欲富国者务广其地，欲强兵者务富其民，欲王者务博其德，三资者备而王随之矣。——富国：使国家富足。广其地：使土地广大。强兵：使军队强大。博其德：使其德广博。

长　《史记·张仪列传》：昔赵襄子尝以其姊为代王妻，欲并代，约与代王遇于句注之塞。乃令工人作为金斗，长其尾，令可以击人。——长其尾：加长它的把柄。

常　《韩非子·解老》：日月得之以恒其光，五常得之以常其位，列星得之以端其行。——恒其光：使其光永恒。常其位：使其位置恒常。端其行：使其运行平稳。

诚　《礼记·大学》：所谓诚其意，毋自欺也，如恶恶臭，如好好色。——诚其意：使其意念诚实。

大　《三国志·魏书·国渊传》：破贼文书，旧以一为十，及（国）渊上首级，如其实数。太祖问其故，渊曰："夫征讨外寇，多其斩获之数者，欲以大武功。"——多其斩获之数：增多其斩获之数。大武功：夸大武功。

怠　《左传·桓公八年》：楚子伐随，军于汉、淮之间。季梁请下之，弗许而后战，所以怒我而怠寇也。——怒我而怠寇：激怒我军，使敌军懈怠。

笃　《礼记·礼运》：礼义以为纪，以正君臣，以笃父子，以睦兄弟，以和夫妇。——正君臣：使君臣关系正常。笃父子：使父子关系纯厚。睦兄弟：使兄弟和睦。和夫妇：使夫妇和谐。

高　《左传·襄公三十一年》：是以令吏人完客所馆，高其闬闳，厚其墙垣，以无忧客使。——完客所馆：修缮好客居之馆舍。高其闬闳：加高大门。厚其墙垣：加厚围墙。忧客使：使客人担忧。

寡　《老子》：小国寡民，使有什伯之器而不用，使民重死而不远徙。——小国寡民：使国家变小，使人口减少。

缓　《战国策·魏策四》：晋人见楚人之急，带剑而缓之，楚人恶其缓而急之。——缓之：使之迟缓。急之：使之迅急。

瘠　《左传·襄公二十八年》：如是可矣，何必瘠鲁以肥杞？——瘠鲁以肥杞：使鲁国瘦弱，使杞国肥壮。

轻　《荀子·富国》：轻田野之税，平关市之征。——减轻田地的赋税，公平地征收关市的税收。

曲　《说苑·权谋》：客谓主人曰："曲其突，远其积薪；

不者，将有火患。”——曲其堗：把那个烟囱弄弯曲一些。远其积薪：把堆积的柴薪搬远一些。远，形容词使动用法。

善　《论语·卫灵公》：工欲善其事，必先利其器。——善其事：使其事完善。利其器：使其器具便利。

深　《史记·高祖本纪》：郎中郑忠乃说止汉王，使高垒深堑，勿与战。——高垒深堑：加高营垒，挖深壕堑。

适　《墨子·节用下》：故圣人之为衣服，适身体，和肌肤而足矣。——适身体：使身体舒适。和肌肤：使肌肤和顺、舒适。

虚　《荀子·解蔽》：此其所以丧九牧之地而虚宗庙之国也。——虚宗庙之国：使宗庙国家成为废墟。

（2）身份角色变化。

鄙　《左传·成公十八年》：大国无厌，鄙我犹憾。——鄙我：使我国成为他们的边邑。

伯　《史记·淮阴侯列传》：大夫种、范蠡存亡越伯勾践，立功成名而身死亡。——存亡越：使亡越生存。伯勾践：使勾践称霸。

臣　《韩非子·五蠹》：故以义则仲尼不服于哀公，乘势则哀公臣仲尼。——乘势：凭借权势。臣仲尼：使仲尼成为（自己的）臣下。

臣妾　胡铨《戊午上高宗封事》：今者无故诱致敌使，以诏谕江南为名，是欲臣妾我也，是欲刘豫我也。——臣妾我：让我们成为臣妾。刘豫我：让我们成为刘豫那样的卖国贼。

独　刘恒《赐南粤王赵佗书》：寡人之妻，孤人之子，独人父母，得一亡十。朕不忍为也。——寡人之妻：使人之妻成为寡妇。孤人之子：使人之子成为孤儿。独人父母：使人之父母成为孤独者。

侯　《史记·郦生陆贾列传》：（汉王）收天下之兵，立诸侯之后。降城即以侯其将，得赂即以分其士。——侯其将：封其将为侯。赂：财物。

将 《韩非子 · 问田》：楚将宋觚而失其政，魏相冯离而亡其国。——将宋觚：任用宋觚为将。相冯离：任用冯离为相。

妻 《史记 · 匈奴列传》：匈奴父子乃同穹庐而卧。父死，妻其后母；兄弟死，尽取其妻妻之。——妻其后母：娶其后母为妻。

妾 《韩非子 · 忠孝》：是舜出则臣其君，入则臣其父，妾其母，妻其主女也。——臣其君：让君主做臣下。臣其父：让父亲做臣仆。妾其母：让母亲做婢妾。妻其主女：让主人的女儿做妻子。

师 《史记 · 白起王翦列传》：王翦为秦将，夷六国，当是时，翦为宿将，始皇师之。——师之：拜他为师。

王 《史记 · 秦始皇本纪》：项羽为西楚霸王，主命分天下王诸侯。——王诸侯：封诸侯为王。

王 《史记 · 淮阴侯列传》：今楚强以威王此三人，秦民莫爱之。——王此三人：封此三人为王。

9.3 几点认识

汉语的特点是我国语言学界近年来热烈讨论的问题。通过对古汉语中包含“词类活用”现象的述宾结构的宾语的语义分析，我们对汉语的特点也产生了一些不太成熟的想法。一管之见，权作引玉之砖。

通过对包含词类活用的述宾结构的宾语的语义分析，我们可以看到，在汉语中，语法结构中的每一类成分都可以由几类词语来充当，如述宾结构中的述语成分就可以由名词、动词和形容词来充当；而每一类词语也可以充当多种语法成分，如名词就可充当中心成分、限定成分、述语成分、宾语成分等等。因此，我们认为，词类功能的多样性和词类同语法成分对应关系的复杂性是汉语的特点之一。

由于词类功能的多样性和“词类—语法成分”之间对应关系的复杂性，因而就形成了汉语语法结构容量大、语义关系复杂的特点。不仅述宾结构如此，其他如定中结构、状中结构、述补结构和联合结构等亦复如此。

由于汉语的语法结构能够容纳较多的语义结构，并且词语的意义在语法结构的作用下会发生一定的变化，因而汉语语法结构所容纳的各种具体的语义结构要根据综合因素来确定。具体地说，就是以词语的意义为基础，根据语法结构的语法关系来限定范围，根据语境诸因素加以选择、滤取，这样就可以得出较为合理、准确的语义结构，理解话语的意义。我们对包含词类活用的宾语语义类型的考察，基本上是按上述方法来操作的。

结　　语

目前，“词类活用”这一语言现象的研究还在进行，并且在不断深入。科学地看待“词类活用”现象，深入地进行描述分析，给出认知层面的解释，使“词类活用”理论系统化和科学化，这是一项艰巨的任务。

在本书中，我们着力最多的就是语义分析。我们的语义分析工作主要体现在三个方面：一是对活用词语的语义次类的划分；二是对由词类活用形成的述宾结构的语义分析；三是对由词类活用形成的述宾结构的宾语的语义分析。我们觉得，通过这三个方面的语义分析，“词类活用”现象的研究较之以前应该有所深入。

在本书中，我们还尝试从话语理解的角度，采用一种以话语理解为基础的动态分析方法，同时还运用了变换的方法，综合起来对包含“词类活用”现象的话语的语义理解过程进行分析描述。通过在这方面的尝试，我们觉得：话语的信息分析、句法结构的语义格分析、句法结构的变换分析不仅适用于现代汉语的分析，同样也可以在古代汉语的分析中运用。要提高古代汉语研究的水平，重功力当然重要，但理论和方法的运用也同样重要。双管齐下，事半功倍！